中国国家汉办重点规划教材
중국 국가 중국어 교육전담실 특별기획교재

U0826832

중국어의 새지평

汉语新视界

대학교 중국어 교재
大学汉语教程

제2권 第二册
교사용 지침서
教师用书

主　编：金立鑫　孟柱亿

编写者：金立鑫

蔡　红　曹惊殊　段权柏　高美丽　李　媚

李　青　凌璧君　刘佳平　刘　姝　姚水英

叶娇蒂　易丽丽

北京语言大学出版社
BEIJING LANGUAGE AND CULTURE UNIVERSITY PRESS

(京)新登字157号

图书在版编目(CIP)数据

汉语新视界教师用书. 第2册/金立鑫主编；蔡红等编著. —北京：北京语言大学出版社，2006
大学汉语教程
ISBN 978-7-5619-1734-3

Ⅰ. 汉… Ⅱ. ①金…②蔡… Ⅲ. 汉语-对外汉语教学-教学参考资料 Ⅳ. H195.4

中国版本图书馆CIP数据核字（2006）第112587号

书　　名：汉语新视界——大学汉语教程 教师用书·第2册
责任印制：汪学发

出版发行：北京语言大学出版社
社　　址：北京市海淀区学院路15号 邮政编码：100083
网　　址：www.blcup.com
电　　话：发行部 82303650/3591/3651
编辑部 82303647
读者服务部 82303653/3908
印　　刷：北京新丰印刷厂
经　　销：全国新华书店

版　　次：2007年10月第1版 2007年10月第1次印刷
开　　本：787毫米×1092毫米 1/16 印张：6
字　　数：123千字 印数：1-3000册
书　　号：ISBN 978-7-5619-1734-3/H·06183
定　　价：17.00元

目　录

第一课 这是你的照片吗

教学目的：

通过本课的教学，学习课文中出现的生词（达到再现水平、补充词达到再认水平）；熟练掌握生词扩展结构；掌握时间状语的用法；掌握"一下儿"的短时表示用法；掌握"是的"的确认用法；掌握"好吗"的询问用法。

教学重点：

时间状语的用法

教学难点：

(1)时间状语的用法

(2)"一下儿"的用法

重点突出方法和难点突破方法：

(1)尽量使用本课为这些重点和难点设计的课堂练习和课后作业；参考"课堂教学技巧提示"。

(2)让学生注意课文出现的时间状语，并有意识地运用。

(3)设置情景进行"一下儿"的教学，并加强练习。

词语加油站：

❶ 高兴

形容词。主要做谓语，一般不用来做定语，形容词做陈述句的谓语要用程度副词修饰（如果后面有带“得”的程度补语时，不用程度副词修饰，这个规则以后会学到）。例如：

他很高兴。

老师很高兴。

A：你高兴吗？　　　　B：我很高兴。

❷ 欣赏

动词。(1)表示享受美好的事物。如：

欣赏电影

欣赏音乐

欣赏画儿

欣赏你的菜

(2)表示喜欢或赞成。如：

我很欣赏她。

这种方法我很欣赏。

他很欣赏你。

他很欣赏你的看法。

❸ 女朋友

名词。通常指恋人。如果说：“她是我女朋友”，意思就是“她是我的恋人”。

❹ 进

趋向动词。要求处所做宾语。例如：

进门

进教室

进学校

进公司

❺ 戒

动词。如：

戒烟

戒酒
戒毒
戒赌

❻ 做

动词。一般用于具体的受事对象。例如：
做中国菜
做衣服

❼ 哪里

处所疑问代词，口语中也常说“哪儿”。注意：汉语中接受别人的赞扬时，常用“哪里哪里”“不敢当”表示谦虚。例如：

(1) A：你的妹妹真漂亮！
　　B：哪里哪里。
(2) A：你真是一位好老师！
　　B：不敢当，不敢当。

❽ 用

动词。
基本意思是“使用”。例如：
我用一下儿你的词典。
你用我的雨伞吧。
你用这支笔。
他用这台录音机。
也常用来表示动作行为的“工具”。例如：
我用这支笔写字。
她用这台录音机听汉语。

❾ 一下儿

动量词，常表示动作进行的时间较短，或动作的少量。例如：
我问一下儿。
我看一下儿。
你念一下儿。
表示动作进行的时间短，可以替换为“一会儿”。例如：
我去一下儿。(我离开一会儿。)
我用一下儿。(我用一会儿。)

⑩ 当然

副词。通常是动词或助动词,语气大多是肯定性的,较少用于否定的语气。如果用来单独回答问题,一般表示肯定。例如:

A:你去吗?　B:当然去。

A:我可以进去吗?　B:当然可以。

A:你知道这件事儿吗?　B:当然知道。

A:他是大学生吗?　B:当然。

⑪ 吧

语气词。表示同意或请求。对于请求的回应可以用"好。"例如:

好吧,你吃吧。(同意你的意见)

你去吧。(我同意你去,我让你去,我允许你去)

A:你来吧!　B:好,我马上来。(前一个句子表示请求,下面的句子也一样)

A:我们去吧!　B:好,我们去。

A:我们吃吧!　B:好。

语法观察:

❶ 时间状语

汉语的时间状语有两个主要的位置,一是在动词的前面(主语的后面),二是在句子的开头。如果时间状语比较简单,一般在主语的后面。如果时间状语比较复杂,一般在主语的前面。例如:

我下午在家。

昨天下午我在家。

许多时间状语同时出现时,应该从大到小排列。例如:

昨天下午两点钟我在家。

去年十月五日我在中国。

❷ 可以

助动词。用在动词前面,表示许可;用在疑问句中提问是否许可;也可以单独回答问题。例如:

你可以去了。

A:我可以进来吗?　B:可以。

A:我可以走了吗?　B:当然可以。

A:我可以看看吗?　　B:可以。

❸ 语气词"的"

语气词"的"表示确认语气,在表示肯定或否定的词后面,使用"的"表示确认的语气,通常后面要把确认的内容再说一遍;而用"是"简单回答则不必重复内容。例如:

A:你是韩国人吗?　　B:是。/ 是的,我是韩国人。

A:他是学生吗?　　B:不是。/ 不是的,他不是学生。

A:你明天去首尔吗?　　B:是。/ 是的,我明天去首尔。

❹ 好吗?

"好吗?"放在句尾,表示征求对方意见,是一种比较有礼貌的请求方式,回答可以用"好",也可以用"好的"。例如:

A:我们现在去,好吗?　　B:好。

A:我们不去了,好吗?　　B:好的。

A:你们去,好吗?　　B:好的。

❺ 真

副词。通常用来表达说话人的主观程度。例如:

她真好看。

这孩子真聪明。

今天真冷。

这辆车真不错。

教学建议:

- 可将"语音对应、词汇扩展参考词"作为课外作业,让学生查《汉韩词典》翻写为韩文。

课堂教学技巧提示:

- 请第一位同学在下面的动词中挑选一个,第二位同学把挑选出来的动词加上"一下儿"构成一个短语,第三位同学再把"V 一下儿"短语加上主语或者宾语构成一个句子。可供挑选的动词有:

问、叫、念、学、吃、帮助、坐、做、用、看

- 做完上面的练习以后，请同学们在这些句子的后面加上“好吗?”另一个同学回答“好的。”
- 老师给出动词句，让学生依次加上时间状语，如：我吃午饭——我两点钟吃午饭——我下午两点钟吃午饭——我前天下午两点钟吃午饭。
- 请一个学生给出一个形容词，另一个学生用这个形容词和“真”造句。

练习册参考答案

2. (1)看一下儿　(2)用一下儿　(3)关上　(4)打开

3. (1)看　(2)看　(3)看　(4)用
(5)用　(6)用　(7)用

4. (1)好吗
(2)一下儿；好吗
(3)女朋友；很漂亮
(4)是的；一下儿；好的
(5)你好；想
(6)是的；一下儿；当然可以

5. 俞老师；大驾光临；请坐；谢谢；照片；漂亮；几；问好

6. (1)对　(2)对　(3)错
(4)错　(5)错　(6)错

第二课 我给您介绍我朋友

教学目的：

通过本课的教学，掌握课文中出现的生词，达到再现水平，补充词达到再认水平；通过词汇和语法学习掌握"要"的能愿动词和行为动词的用法、"给"的介词用法；掌握"结束体'了'"的有关用法和"双宾语结构"；通过课文和对话的学习掌握"请求同做某事、介绍人物"等的表达方式。

教学重点：

(1)"要"的能愿动词和行为动词的用法，"给"的介词用法

(2)"结束体'了'及其否定"和"请求同做某事、介绍人物"的表达方式

(3)"结束体'了'"的有关用法和"双宾语结构"

教学难点：

(1)"要"的能愿动词和行为动词的用法

(2)"结束体'了'"的有关用法

重点突出方法和难点突破方法：

(1)参考本课为这些重点和难点设计的课堂练习和课后作业。

(2)参考"课堂教学技巧提示"。

词语加油站：

❶ 要

能愿动词。汉语的能愿动词可以单独回答问题。例如：

A：你要去中国吗？　　B：要。

A：你要学习汉语吗？　B：要。

“要”和行为动词配合使用的时候，它的语法位置总是在行为动词的前面（比如上面的问句）。能愿动词“要”有三个意思：

(1)希望做某事的意愿。例如：

我要学中文。

我要去中国。

我要见你。

我要给你一本书。

(2)表示“可能、会”，但是比“可能、会”更确定，有“即将发生”的意思。句子中常常伴随时间性的成分。例如：

下个月我要去中国。

明天我妈妈要来首尔了。

我要去学校了。

(3)表示责任或义务，意思跟“应该”相近，时态上都是将来。例如：

你要好好学习。

我要照顾爸爸妈妈。

你要关心你妹妹。

我们要孝敬父母。

❷ 给

“给”有两个语法属性，介词和动词。本课先学习介词。

介词“给”的意思相当于“为了”，语法结构式是：“给 + N + VP”。例如：

给他买书（为他买书）

给弟弟借词典（为弟弟借词典）

给你介绍我朋友（为你介绍我朋友）

❸ 买

行为动词。主要语法结构：“S + 买 + N”，主语可以是施事，也可以是钱款。如：

你买什么？

我买一本词典。

五十块钱买了一本词典。

❹ 然后

篇章衔接性副词。表示在某一行为之后，将要进行、发生某一行为，它的语法位置总是在后一个句子的开头，可以和主语分开。例如：

我们先去学校，然后去商店。

我要给弟弟买书和词典，然后，我们一起去学校复习。

❺ 复习

动词。主要语法结构："复习 + N"。例如：

复习英语

复习汉语

复习生词

复习会话

复习旧课

复习课文

复习语法

❻ 真

程度副词、形容词。程度副词"真"主要加在形容词的前面，说明形容词的程度，表示说话人的主观态度。例如：

真好　真坏　真富　真穷　真亮　真黑　真白　真高　真大

真幸福　真快乐　真漂亮　真客气　真英俊

❼ 考试

不及物动词。主要语法结构有两种：(1)施事 + 考试。例如：

中学考试

大学考试

明天我考试。

今天你考试吗?

(2)内容/目标 + 考试，其作用相当于名词。例如：

英语考试(考试的内容是英语)

汉语考试(考试的内容是汉语)

入学考试(为了入学而考试)

升学考试(为了升学而考试)

"考试"的及物动词形式是"考"，"考"的宾语主要是内容和对象。例如：

考英语(考试的内容是英语)
考汉语(考试的内容是汉语)
考口语(考试的内容是口语)
考学生(考试的对象是学生,学生被考)
考老师(考试的对象是老师,老师被考)

❽ 在……上

介词结构。"在"是前置词,"上"是后置词,后置词还有"中、里、下"(它们表示空间位置)等,前置词和后置词中间可以嵌入处所词、物体词等,用来表示位置。在句子中主要做状语、补语。例如:

他在本子上写了两个字。
他在路上遇到了一个朋友。
他在教室里念书。
我在食堂里吃饭。
请写在本子上。(补语)
请放在桌子上。(补语)

❾ 遇到

动词。主语和宾语一般都是人,常常使用地点状语或时间状语。例如:

我在学校遇到了俞老师。
我在商店遇到了他。
他昨天遇到了石成岁。
你如果遇到他,请你告诉他。

❿ 介绍

动词。主要语法结构:

S+介绍+O,一般为陈述句。例如:

老师介绍了中国。
他介绍了他的家。
我介绍了我的朋友。

S+[给+O]+介绍+O,比上面的句子多了介绍的对象。例如:

俞老师给你们介绍韩国,我给你们介绍中国。
石成岁给我们介绍了他的女朋友。
请石成岁给我们介绍他的女朋友。

⑪ 教

动词。单宾语结构是：教 + N，N 可以是对象，也可以是内容。例如：

教我们/教中学生（对象）

教语法/教汉字（内容）

双宾语结构是：教 + 名词 + 名词，对象在前面，内容在后面。例如：

教我们	语法 口语 写作 汉字 文学 历史 哲学

"教"做兼语句动词以后学习。

⑫ 问……好

动词结构。在"问""好"之间嵌入问候的对象。例如：

问你爸爸好。

问你妈妈好。

在这个句子前面常用"请代我"（请你代替我）。例如：

请代我问你爸爸好。

请代我问你妈妈好。

语法观察：

❶ 结束体"了"

汉语动词后面的"了"表示动作的结束。

(1) 可以表示最近过去的事情的结束。例如：

我吃了一碗饭。（最近结束）

她买了一件衣服。

我复习了一会儿生词。

石成岁写了很多字。

动词后面同时带"了"和宾语，并且独立成句的话，宾语的前面要求有定语或者补语。例如上面的例子，如果没有"一碗""一件""一会儿""很多"，句子不能单说。

(2)对结束体的否定：

对结束体的否定用“没有”“没”“还没”。(“还没”和“没有/没”的区别是：“还没”有“虽然还没做，但是打算以后做”的意思，而“没有/没”没有这样的意思。)否定句中不能有数量定语。例如：

我吃了一碗饭。——→我(还)没吃饭。*我(还)没吃一碗饭。

他买了一件衣服。——→他(还)没买衣服。*他(还)没买一件衣服。

我复习了一会儿生词。——→我(还)没复习生词。*我(还)没复习一会儿生词。

石成岁写了很多字。——→石成岁(还)没写字。*石成岁(还)没写很多字。

(3)对结束体的提问：

对结束体的提问用“V O 了吗”“V 了 O 没有”“V 没 VO”的形式。例如：

VO 了吗？	V 了 O 没有？	V 没 VO？
你吃饭了吗？	你吃了(饭)没有？	你吃没吃饭？
你买衣服了吗？	你买了衣服没有？	你买没买衣服？
你复习生词了吗？	你复习了生词没有？	你复习没复习生词？
石成岁写字了吗？	石成岁写了字没有？	石成岁写没写字？

可以让学生回答上面的问题：

我吃了一碗饭。/我没吃饭。/我还没吃饭。

我买了一件衣服。/我没买衣服。/我还没买衣服。

我复习了一会儿生词。/我没复习生词。/我还没复习生词。

石成岁写了很多字。/石成岁没写字。/石成岁还没写字。

再让学生快速回答下面的问题：

你吃了吗？——你吃了没有？——你吃没吃？

你吃饭了吗？——你吃饭了没有？——你吃没吃饭？

你看电视了吗？——你看电视了没有？——你看没看电视？

你做练习了吗？——你做练习了没有？——你做没做练习？

你买词典了吗？——你买词典了没有？——你买没买词典？

❷ 量词

常用结构是：数词＋量词＋名词。如：一件衣服(上装全部用“件”)、两本书、三张电影票、四个同学、五位老师、六张桌子、七把椅子、九条裤子(下装全部用“条”)、十台电视机。

数量词做定语：

数量词做定语常常用在“V 了＋O”的结构中修饰宾语。“数量名”结构常常是不确定的，所以很少用来做主语，常常做宾语。（因为主语要求是确定的，宾语可以是不确定的。）

❸ 双宾语

汉语的双宾语结构是：主语＋动词＋间接宾语＋直接宾语。间接宾语总是人物、对象，直接宾语总是内容或物体。例如：

我辅导他汉语。

他回答我一个问题。

我给他一本书。

下面这些动词常常带双宾语：

送　借　还　教　问　回答　告诉　通知　赔　欠　辅导　拿　输　赢

双宾语动词不是必须带双宾语。有时候可以只带一个宾语，例如：你回答我、你回答问题；俞老师教我、俞老师教英语。

❹ “教”的读音

做名词时，读降调（第四声）。如：

教室、教师、教材、教员

做动词时，读高调（第一声）。如：

教你们、教他语法、教不教

❺ 下个

汉语的数量结构中，如果数量词是“一”的话，“一”可以省略。“下个”其实就是“下一个”。同样，“这一个”“那一个”可以省略成“这个”“那个”，“这一件”“这一本”可以省略成“这件”“这本”。所以，“买一本词典”口语中常说“买本词典”，“喝了一瓶酒”常说“喝了瓶酒”。

❻ “想”和“要”的区别

“想”是表示没有决定的愿望，“要”一般表示已经决定了。例如：

我想去中国。（说话人还没最后决定）

我要去中国。（说话人决心已定）

教学建议：

• 可将“语音对应、词汇扩展参考词”作为课外作业，让学生查《汉韩词典》翻写为韩文。

课堂教学技巧提示：

• 本课的朗读练习、句型变换练习是为了补充课文的不足而设计的，例如“V了没有”“V没V”等句型。建议对这些练习多加操练，以增加学生的语感。

• 请每个同学找一个朋友，对那个朋友说，代他问候朋友的爸爸或者妈妈，要求使用句型“问你……好”，被问候的同学要回答“谢谢，我也问你……好”。

• 一个同学向另一个同学提出一个双宾语动词，另一个同学必须用这个动词给出一个双宾语句；给出过双宾语句的同学可以向另一个同学提出另一个双宾语动词，要求另一个同学根据动词给出一个双宾语句。

• 一个同学提出一个名词，要求另一个同学提出相应的数量定语；提出了数量定语的同学可以提出另一个名词，要求其他同学搭配相应的数量定语。

• 要求一个同学提出“N1 给 N2”结构（例如：老师给我们……），指定另一个同学在这个结构的后面补充动词短语，将这个结构补充完整。要求补充结构的同学速度要快，速度慢于规定的时间（可以规定 3 秒钟）要受罚（受罚的形式让同学们来决定）。

• 要求一个同学用“V O 了吗？”“V 了 O 没有？”“V 没 VO？”向任何一个同学提问，回答的人必须用肯定形式。回答完问题的人，可以向另一个同学提问。

课堂用书参考答案

5. (1) 她买词典了吗？　她买了词典没有？　她买没买词典？　她买了词典。
(2) 他吃饭了吗？　他吃了饭没有？　他吃没吃饭？　他吃了饭。
(3) 他介绍朋友了吗？　他介绍了朋友没有？　他介绍没介绍朋友？　他介绍了朋友。
(4) 她买书了吗？　她买了书没有？　她买没买书？　她买了书。
(5) 他喝茶了吗？　他喝了茶没有？　他喝没喝茶？　他喝了茶。
(6) 他吸烟了吗？　他吸了烟没有？　他吸没吸烟？　他吸了烟。
(7) 他拿包了吗？　他拿了包没有？　他拿没拿包？　他拿了包。
(8) 他买报纸了吗？　他买了报纸没有？　他买没买报纸？　他买了报纸。

练习册参考答案

2. (1)他要吃面包。
   (2)我弟弟要借书。
   (3)妹妹要买裙子。
   (4)他下个星期要回国。
   (5)我哥哥明天要考试。
   (6)你要常常练口语。
   (7)我要努力工作。

3. (1)我给他一张纸。
   (2)我送你一本书。
   (3)金老师教我们语法。
   (4)老师问我们问题。
   (5)我拿你一支笔。
   (6)你输我一包烟。
   (7)我告诉你一件事儿。
   (8)班长通知我们复习。

5. (1)他吃了很多饭。
   (2)他介绍了一个朋友。
   (3)她买了三本书。
   (4)他喝了一点儿茶。
   (5)他吸了一支烟。
   (6)他拿了一个大包。
   (7)他买了两张报。

第三课 去书店

教学目的：

通过本课的教学，学习课文中出现的生词和短语，达到再现水平；熟练掌握生词扩展结构；掌握“的”字结构的构成方式、语法意义以及使用条件；掌握介词“从”的宾语和介词“到”的宾语；掌握相对时间词“以前”和“以后”；掌握时间状语的位置；掌握程度副词“太”的两种语义类型。

教学重点：

(1)介词“从”的宾语和介词“到”的宾语

(2)程度副词“太”

教学难点：

“的”字结构

重点突出方法和难点突破方法：

(1)尽量使用本课为这些重点和难点设计的课堂练习和课后作业；参考“课堂教学技巧提示”。

(2)给出具体的场景，让学生在对具体事物的指认中运用“的”字结构。

(3)给出具体的语言环境，让学生运用介词“从”和“到”描述日常生活。

词语加油站：

❶ 书店

名词。量词常用"个"或"家"。例如：

那儿有一个书店。

那儿有一家书店。

❷ 走

不及物动词。常用"在/到/向……"等介词结构做它的补语，表示方位、处所、方向等。结构为：走 + 在/到/向 ……。例如：

我们走在大街上。

她们走到书店。

她正走向图书馆。

"走"也常常和"着"一起表示另一个行为动词的方式，结构为：走着 + VP。例如：

我们走着去书店。

我走着去学校。

我们走着来的。

❸ 到

动词。

可用在移动动词的后面表示移动的目的地。例如：

我们来到学校。

我们走到图书馆。

他开车到医院。

也可直接做移动动词。例如：

我到上海了。

A：你什么时候到？　　B：我明天到。

❹ 以后 / 以前

相对时间词。常用在某参照时间点的后面，这种时间参照点通常有两种，一种是用名词表示的某种时间相对稳定的事件，例如早饭、午饭、晚饭，另一种是用动词表示的事件。例如：

晚饭以后 / 以前（我们看电视。）

我回来以后 / 以前（吃饭。）

你来学校以后 / 以前买一本汉语词典。

如果参照时间是确定的，也可以直接使用“以前”“以后”。例如：
以后 / 以前我就不知道了。（以那次事件为参照时间）
以后 / 以前的事情你也知道。
如果后面有“再”，只能使用“以后”，例如：
以后再说吧。/以后再买吧。/以后再去吧。（以现在为参照时间）

❺ 告诉
动词，可带双宾语，其中的直接宾语可以是名词词组，也可以是一个小句。
结构(1)：告诉 + N。例如：
你告诉我吧。
我不告诉你。
结构(2)：告诉 + N1 + N2/VP。例如：
我告诉你一件事儿。
她告诉我你去中国了。
金老师告诉我们下个星期一考试。

❻ 觉得
动词，可带小句宾语。结构：觉得 + VP/觉得 + S。例如：
我觉得很好。
我觉得这件衣服很好。
A：你觉得怎么样？　　B：我觉得这本书太贵了。
我觉得石成岁学习很努力。

❼ 喜欢
心理动词。
结构(1)：喜欢 + N。例如：
我喜欢你。
我很喜欢汉语。
她很喜欢中国菜/韩国菜。
结构(2)：喜欢 + VP。例如：
我很喜欢说汉语。
她很喜欢吃中国菜/韩国菜。
结构(3)：喜欢 + S。例如：
我很喜欢她来我家。
我不喜欢你整天看电视。

❽ 新

形容词。单音节形容词做定语，一般不用“的”，如果用“的”的话表示区别。例如：

新书

新衣服

新公司

新学校

新老师

新同学

❾ 出版

动词。它的宾语总是出版物。例如：

金老师出版了一本书。　　那本书出版了。

他们出版了一本词典。　　那本词典出版了。

最近出版了一本杂志。　　那本杂志出版了。

❿ 但是

连词。表示意思的转折。前一个句子常常用“虽然”。例如：

（虽然）他很英俊，但是她不喜欢他。

这儿（虽然）很小，但是很干净。

⓫ 失望

形容词。陈述句中必须受程度副词“很”的修饰。做动词用的时候要加“了”。例如：

她失望了。

她很失望。

“失望”的对象常用“对”引出，例如：

他对你很失望。

他对这件事儿很失望。

⓬ 回

动词。带处所宾语。例如：

回学校

回韩国

回首尔

表示“完成”，常用“回到～”，后边是表示目的地的名词。例如：

回到学校
回到家
回到首尔

⑬ 太
程度副词。句尾常常有语气词“了”配合。
“太”有表示合乎说话人意愿和不合乎说话人意愿两种用法：
合乎说话人意愿的：“太”的后面使用褒义形容词或心理动词。如：
太好了！　太漂亮了！　太幸福了！　我太爱你了！（满意）
不合乎说话人意愿的：“太”后面使用中性、贬义形容词或心理动词。如：
太少了！　太大了！　太小了！　太脏了！（不满意）

⑭ 不错
形容词，意思相当于“好”。它的程度如下：

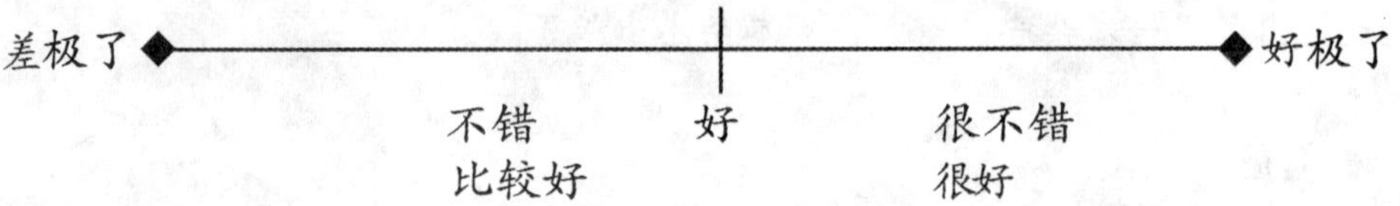

例如：
A：这本词典怎么样？　　B：不错。
这本词典很不错。
这本书很不错。

⑮ 好像
副词。表示猜测、可能、不太确定等语气。用在动词或形容词前面。例如：
她好像是中国人。（可能、猜测、不确定）
好像要下雨了。（可能会下雨）
好像太大了。（可能太大）
好像很不错。（不太确定）

语法观察：

❶ “的”字结构
“的”字结构是由“名词 + 的”“动词/形容词 + 的”构成的，语法上和语义上都相当于一个名词。可以看做是“的”后面核心成分的省略形式。如：
卖书的人——→卖书的　　　　他哥哥是卖书的。

我的书——→我的	那本书是我的。
学校的桌子——→学校的	这些桌子是学校的。
昨天买的书——→昨天买的	这本书是昨天买的。/昨天买的不好。
前年出版的书——→前年出版的	这些书是前年出版的。
新的书——→新的	这些书是新的。
学中文的学生——→学中文的	这些学生都是学中文的。

多数“的”字结构必须在明确的上下文中使用,意思才能确定。例如“新的”,如果没有上下文,我们并不知道“新的”指的是什么。再如:

不会的请告诉我。

喝咖啡的是谁?

他说的是什么?

❷ 从

介词。结构为:从+时间/地点。常用来表示时间或地点的出发点,例如:

A:你们从哪儿来?	B:从我家里来。
A:你从哪儿去北京?	B:我从首尔去北京。
A:你从什么时候开始学习汉语?	B:我从2000年开始学习汉语。
A:你从几点开始学习?	B:我从9点开始学习。

“从”字结构的后面常常用“到”字结构表示时间或地点的终点,构成“从……到……”结构。例如:

从早上到晚上,他都在学习。⟺他从早上到晚上都在学习。

从星期一到星期五,我都有课。

介词“从”的宾语和“到”的宾语:

“从”是介词,它的宾语主要是时间和空间名词,表示时间和空间的起点(出发点、源点)。“到”也是介词,它的宾语也主要是时间和空间名词,但是它表示时间和空间的终点。它们的语法形式主要是:

(1)从+时间+(开始)/(起)+持续动词+到+时间(终点)

从	今年三月	开始/起	学习	到	今天
从	八点钟		念	到	现在
从	上午		介绍	到	现在

(2)从+空间+移动动词+到+空间(终点)

从	学校	走	到	书店
从	图书馆	回	到	教室

从　中国　　来　　　到　韩国

(3) 从 + 空间 + 移动动词

我从　中国　来
我从　学校　去
他从　首尔　来
我从　食堂　去

(4) 到 + 空间 + 移动动词

我到　　学校　去
你到　　我家　来
他到　　中国　去
你们到　教室　来

❸ 以后、以前

"以后"和"以前"放在动词短语后面表示时间，动词表达的动作行为是"时间参照"。如：

来北京以后
学习汉语以前
认识你以后
去学校以前

名词短语加"以后""以前"，实际上是省略动词的用法。如：

晚饭以后——→吃了晚饭以后
午饭以前——→吃午饭以前

❹ 时间状语的位置

时间状语可以在主语之前，也可以在主语之后。如果时间状语比较长（比较复杂、复合时间状语），最好放在主语之前。如果时间状语比较短（比较简单），最好放在主语之后。但是，因为话题总是在最前面，因此，如果时间作为话题，即使是简单时间状语，也应该放在主语之前。如果其他词做话题，即使时间状语比较复杂，也应该放在主语之后。如：

我今天上午十点有口语课。　（谈论的话题是"我"）
今天上午十点我有口语课。　（谈论的话题是时间）

教学建议：

• 可将“语音对应、词汇扩展参考词”作为课外作业，让学生查《汉韩词典》翻写为韩文。

课堂教学技巧提示：

• 把班里的学生分成四组，每组学生分别负责设计人物、时间、地点、事件。设计完后，教师在四组中随机挑选一个学生，请他们各自在黑板上写出本组设计的人物、时间、地点、事件，然后指定学生将它们连成句子，注意时间、地点状语的位置。如有逻辑问题，请学生修改。

• 请学生用带有“以前”“以后”的句子来描述一天的生活，然后请另一位同学用第三人称转述刚才同学一天的生活。

• 请两个或者三个同学以聊天的方式来对话，对话内容不限，可以是日常的生活，也可以是其他；教师可以给学生列出可供对话参考的词语，也可以让学生自己从所学课文中挑选词语。

• 教师可以在课前准备一些相关的生活图片或漫画，让学生看图片后口头表达图片内容，尽量鼓励学生使用本课所学到的词语。

课堂用书参考答案

1. (1)从中国来　　从韩国来
   (2)从学校坐车去商店　　从我家坐车去商店
   (3)今天晚上到食堂去吃饭　　今天晚上回家吃饭
   (4)在书店买的
   (5)去中国玩儿
   (6)跟同学一起去书店

2. (1)黑色的　　红色的
   (2)看电视的　　看书的
   (3)男的　　女的
   (4)白色的

(5)新的
(6)中国来的　　美国来的

练习册参考答案

2.(1)卖书的　　买书的
(2)送报纸的
(3)吸烟的
(4)新来的
(5)学习中文的
(6)借的
(7)旧的
(8)他的

3.(1)太客气了　　您太客气了。
(2)太英俊了　　他长得太英俊了。
(3)太忙了　　这些天我太忙了。
(4)太旧了　　这本书太旧了。
(5)太喜欢了　　我太喜欢学中文了。
(6)太新了　　这件西装太新了。
(7)太失望了　　我对你太失望了。
(8)太遗憾了　　那条裙子卖完了,太遗憾了。

4.(1)从8点　　到10点
(2)从学校　　到书店
(3)从下午　　到晚上
(4)从早晨　　到晚上
(5)从中国　　到韩国
(6)从我家　　到学校

5.(1)从上海来　　从首尔来
(2)从学校坐车　　从我家坐车
(3)到食堂吃晚饭　　回家吃晚饭

(4)从首尔去中国　　　　从釜山去中国
(5)到书店去买中文词典　　去图书馆借一本中文词典
(6)从学校去　　　　　　也从学校去

6. (1)喝茶的　　　　　　那个喝茶的是我爸爸。
(2)吸烟的　　　　　　那个吸烟的是我爷爷。
(3)问老师问题的　　　那些问老师问题的都是学中文的学生。
(4)买地图的　　　　　在书店买地图的是我的同学。
(5)念课文的　　　　　现在念课文的是我的中文老师。
(6)吃饭的　　　　　　在食堂里吃饭的都是学生。
(7)介绍的　　　　　　今天介绍的是一位新同学。
(8)帮我买书的　　　　昨天帮我买书的是我的同学。
(9)借词典的　　　　　去图书馆借词典的是我哥哥。
(10)来学校的　　　　 今天来学校的都是一年级的学生。

7. (1)去学校以前,我买了一些中文书和一本中文词典。
(2)有了钱以后,我要买一辆好汽车。
(3)认识你以前,我去中国学过中文。
(4)学习汉语以后,我会说好多中国话了。
(5)遇到老师以前,我没有学过中文。
(6)你帮助我以后,我的中文好多了。

8. (1)昨天俞老师不在家。　　　俞老师昨天不在家。
(2)昨天晚上我没有看电视。　我昨天晚上没有看电视。
(3)今年他在学校上课。　　　他今年在学校上课。
(4)明年我要去中国。　　　　我明年要去中国。
(5)上午营业员告诉我没有词典。营业员上午告诉我没有词典。
(6)昨天下午他告诉我了。　　他昨天下午告诉我了。
(7)上星期金老师的书出版了。金老师的书上星期出版了。
(8)上次课老师介绍了中国。　老师上次课介绍了中国。
(9)昨天他回釜山了。　　　　他昨天回釜山了。
(10 明天我们没有考试。　　　我们明天没有考试。

第四课 你觉得哪家书店比较好

教学目的：

通过本课的教学，学习课文出现的生词（达到再现水平）；熟练掌握生词扩展结构；掌握动词重叠、连动句的语法意义和使用规则；掌握副词“再”“还”的区别并正确运用；正确运用征求和提出意见、接受和拒绝、要求重复等功能结构的常用表达法及时间表达法。

教学重点：

(1)“再”与“还”的区别

(2)动词重叠的语法意义

(3)征求和提出意见、接受和拒绝、要求重复等功能表达结构

教学难点：

“再”与“还”语义、用法上的差异

重点突出方法和难点突破方法：

(1)尽量使用本课为这些重点和难点设计的课堂练习和课后作业；参考“课堂教学技巧提示”。

(2)多采用对比、举例的方法教授“再”与“还”。

(3)通过师生、学生间的互答形式掌握功能表达结构。

词语加油站：

❶ 附近

名词、形容词（属性词）。可以单用，也可以构成"N 附近"和"附近的 N"。例如：

附近有一家书店。

附近没有邮局。

我到附近看看。

书店就在学校附近。

学校附近有很多饭店。

我家附近有一个很大的商店。

附近的商店有很多人。

附近的山上有很多树。

❷ 比较

程度副词。主要用来修饰形容词。构成"比较＋形容词"结构（否定说法：不太＋形容词）。例如：

比较大	不太大
比较好	不太好
比较漂亮	不太漂亮
比较贵	不太贵

❸ 不过

连词。书面语用"但是"，口语中常说"不过"。

❹ 再

副词。一个行为结束以后，如果要重复进行上一个行为，使用"再"。例如：

我明天再来。

我再买一个。

请你再念一遍。

请你再写一个。

❺ 时间

名词。跟韩国语不同，汉语的"时间"不能做量词，不能说：＊一时间、＊三时间（一个小时、三个小时）。汉语中常常说：

你有时间吗？

我没有时间。

我有很多时间。

❻ 为什么

疑问词,询问原因。例如:

你为什么来学校?

她为什么不来?

❼ 忘

心理动词,宾语可以是一个名词,也可以是一个复杂的动词短语。动词“忘”通常要使用“了”。例如:

我忘了一件事儿。

他忘了告诉我(这件事儿)。

你别忘了(告诉他这件事儿)。

❽ 怎么

疑问词。询问性质、状态、方式或原因。例如:

A:你怎么了?　　B:我不舒服。

这个字怎么念?

我们怎么去?(坐火车去还是坐飞机去?)

❾ 参加

动词。后面的宾语类型:参加+团体;参加+活动。例如:

她参加了学校足球队。

我参加了学校的运动会。

语法观察:

❶ 连动句

坐车回学校

走路去学校

他笑着说:“可以。”

她点着头说:“好,好。”

很多连动句前一个动词短语表示方式,后一个动词短语表示主要行为。比如,“坐车”是方式,“回学校”是目的。本课的连动句是初次学习,先让学生初步接触,有一个大致的印象，不必讲得太多。在第三册中我们还要继续学习。

❷ 动词重叠

动词重叠表示动作、行为的时间比较短暂，有尝试的意思。类似的用法是“动词+一+动词”：

你看看　　你看一看

你念念　　你念一念

你坐坐　　你坐一坐

❸ 吧

语气词。可以表示接受。

❹ “再”和“还”

“再、还（不用‘了’）”都表示没有实现或没有完成的行为。

“再”表示前一个动作行为结束（或停止）以后，再一次重复或继续前面的行为。例如：

晚上再吃。（现在已经吃过了）

你再吃点儿吧。（说话人认为“你”不吃了，停下来了，他要“你”继续吃）

我明天再来。

“还”表示继续进行原先的动作行为，后面的接着前面的事情发生，连续在一起。例如：

你还在看电视啊？（一直在看电视，没有停止过）

我还想去中国。（所有的心理动词只选择“还”）

我还要喝呢。

别拿走，我还吃呢。（“吃”还没有结束）

我还买呢。（没付钱，要继续买东西）

心理动词前面用“还”表示已经得到延续的心理事件。如：

他还认为……　　我还觉得……　　他还想……　　我还希望……

心理动词前面一般使用“还”，使用“再”的主要是“想”，通常用来表达祈使。如：

你再想想看。

❺ 功能表达结构

征求意见常用的结构：

你觉得：你觉得这个（这样）好吗？／你觉得怎么样？

怎么办：那怎么办呢？／我怎么办呢？／你怎么办呢？

提出建议常用的结构：
我觉得：我觉得这本书很好。/ 我觉得这个好吃。
我看：我看这样也很好。/ 我看明天去也可以。
好吗：我们明天再来，好吗？
怎么样：我们后天再来，怎么样？

接受建议常用的结构：
好吧：好吧，听你的吧。

表达拒绝常用的结构：
先说"对不起" 或者"不好意思""非常抱歉"等，例如：
对不起，我没有时间。
不好意思，我也要用。
很抱歉，我不喜欢。

❻ 时间表达法
时点：一点、两点、三点、四点……
五点零五分、六点十分、七点一刻、八点半、九点三刻、十点五十分、十一点五十五、昨天、上个星期、下个月、前年
时段：五分钟、十分钟、一刻钟、半个小时、三刻钟、一个小时、两个小时零五分、三小时一刻钟、四个半小时、半天、一天、一个星期、一个月、一年
汉语词"时间"的用法和意思跟韩国语不同，请教师注意提醒学生。

教学建议：

• 可将"语音对应、词汇扩展参考词"作为课外作业，让学生查《汉韩词典》翻写为韩文。

课堂教学技巧提示：

• 教师做一个钟的模型，拨动指针，提问："请问，现在几点？"然后请一位同学来拨动指针，让别的同学回答时间。

• 教师问第一个学生："你怎么去学校？"如学生回答："我骑自行车去学校"，则教师问下一个学生："他走路去学校，是吗？"要求学生回答："不，他骑自行车去学校"。试过几次后，请学生自己造句，轮流提问和回答。

- 每两位同学一组编对话，A 向 B 征求意见，B 提出建议，A 接受或拒绝。
- 老师给每位同学两个动词，例如："坐车、回家"，要求同学说一个连动句，连动句的前一个动词表示方式，如"坐车回家"。

练习册参考答案

2. (1)还　(2)还　(3)再　(4)再
   (5)再　(6)再　(7)还　(8)还

3. (1) A：你觉得附近哪家书店比较好？
   B1：我觉得中关村附近的那家书店不错。
   B2：我看学校旁边的那家也不错。
   (2) A：我们去王府井大街看看，好吗？
   B：今天不行，我们以后再去，怎么样？
   (3) A：我们下课后去书店看看，怎么样？
   B1：好吧，我们下课后就去。
   B2：对不起，我今天有很多作业。

5. (1)我中午回家。
   (2)我今天下午去学校。
   (3)上个星期我认识了一位中国朋友。
   (4)我每天晚上念课文。
   (5)明天上午10点我有汉语课。

第五课 他家有一个很大的院子

教学目的：

通过本课的教学，学习课文中出现的生词和短语，达到再现水平，补充的家具名词达到再认水平；熟练掌握生词扩展结构；掌握方位词的构成，方位词“内”和“里”的区别，方位词“边／面”的省略，用“有”的存在句与用“是”的存在句的比较，表示领有的“有”和表示存在的“有”在语义和语法上的区别。

教学重点：

两种存在句的特点和差异

教学难点：

方位词

重点突出方法和难点突破方法：

(1)尽量使用本课为这些重点和难点设计的课堂练习和课后作业；参考“课堂教学技巧提示”。

(2)运用实物、实例，给出一定的语言环境，让学生在具体的使用中理解用“有”的存在句与用“是”的存在句各自的特点，比较二者的差异。

(3) 运用课文中出现的和课文后面列出的例子，让学生在具体的语言环境中体会并理解汉语方位词及相关语法现象的特点和规律。

词语加油站：

❶ 餐厅

名词。汉语中“食堂”“餐厅”“饭店”意思有差别。“食堂”是指大学、公司、工厂等单位里面供应饭菜饮食的地方；“餐厅”多指吃饭的场所，所以食堂里面有餐厅，家里也有餐厅，但有时“餐厅”也可以指对外营业的小饭店；“饭店”是对外营业的，规模有大有小，有的还包括住宿，相当于宾馆。“饭馆儿”是指供应饮食的小饭店。

“餐厅”的量词用“个”或“家”。用“个”一般是指食堂、家庭内部吃饭的房间，用“家”是指小饭店。例如：

我家的餐厅很大。

学校旁边有一家/个餐厅。

我中午在学校的餐厅吃饭。

❷ 对面

方位名词。常用“N 的对面”来指示参照物，也可单用。做主语、宾语。例如：

我的对面

床的对面

窗户的对面

学校的对面

对面是老师。　　我的对面是老师。

老师在对面。　　老师在我的对面。

❸ 明星

名词。主要指球星、歌星、影星等。例如：

足球明星

电影明星

“明星”表示“星星”的本义时，量词常用“颗”，如“一颗明星”；而指人，表示“球星、歌星、影星”时，量词常用“个”或者“位”，例如“一位电影明星”。

❹ 房间

名词。指房子里边的基本单位。“房间”的量词用“个”，“房子”的量词多用“套（tào）”或“所”，也可以用“个”。例如：

这套/所/个房子有十个房间。

我家有四个房间。

你家有几个房间？

语法观察：

❶ 方位词的构成

方位词分为两种，一种是：东　南　西　北　上　下　左　右　前　后　里　外

它们后面可以加上“边”或者“面”，构成合成方位词，例如：

东边　南边　西边　北边　上边　下边　左边　右边　前边　后边　里边　外边

东面　南面　西面　北面　上面　下面　左面　右面　前面　后面　里面　外面

对面

另一种是不能加上“边”和“面”的，它们是：

内　中　旁（“旁”可以加“边”）

它们只能加在名词后面构成方位短语，例如：

屋内　包内　国内

手中　眼中　书中

屋子旁（边）　教室旁（边）　图书馆旁（边）

辨析　方位词“内”和“里”的区别

“内”一般跟单音节名词组合，如果是双音节或多音节名词，后面习惯用“里”。例如：

国内　市内　校内　屋内

书包里　办公室里　院子里　教室里

口语中不太说：

书包内　办公室内　院子内　教室内

但是在书面语中可以有这样的形式。

方位词“边／面”的省略

在很多情况下，“……上（下、里、外）边/面”的“边/面”可以省略。例如：

桌子上边——桌子上　床下边——床下

书包里面——书包里　屋子外面——屋子外

但是“左、右、东、南、西、北”后面的“边/面”不能省略。例如：

桌子左边——＊桌子左　石成岁右面——＊石成岁右

图书馆南面——＊图书馆南　学校西面——＊学校西

所有由“边/面”构成的方位词在“的”后面都不能省略“边/面”。例如：

电脑台的上边——＊电脑台的上　床的下边——＊床的下

书包的里面——＊书包的里　餐厅的外面——＊餐厅的外

❷ 存在句

(1)方位词/方位短语+有+存在物。例如：

学校对面有一个书店。

书架上有一些书。

教室里有十个学生。

(2)方位词/方位短语+是+存在物。例如：

前面是一条小路。

桌子上是一本汉语书。

我的左边是王老师。

这两种存在句的区别是：A 句的处所中除了句子所说的存在物之外，可能还有别的人或者物。B 句的处所中只有所说的存在物，是唯一的，或者，距离处所最近的是所说的存在物。

❸ 表示领有的“有”和表示存在的“有”

表示领有的“有”主语是人物名词或人称代词；表示存在的“有”主语是表示处所的词语。例如：

领有：我有一台电脑。　她有二百块钱。　石成岁有哥哥吗？

存在：桌子上有一台电脑。　钱包里有二百块钱。　教室里有几个学生。

教学建议：

• 可将“语音对应、词汇扩展参考词”作为课外作业，让学生查《汉韩词典》翻写为韩文。

课堂教学技巧提示：

• 教师请同学到黑板上画出他们房间的格局，然后用存在句介绍他们的房间。

• 教师以一位同学为中心，提问大家这位同学各个方向都是谁。

• 请一位同学扮演“房东”，介绍打算出租的房子，老师和其他同学扮演房客，就房间的格局提问。

• 制作一张世界地图，但不填国家名称。老师在课堂上利用方位词指挥一位同学填写国名，如“中国的上面是蒙古，中国的右边是日本”等等。填完后，请每位同学看着地图用方位词造句，如“韩国在中国的北面”。

• 教师制作一些卡片，上面分别写上“饭店、银行、学校、邮局、车站、我家、商店、咖啡馆”等词，课堂操练时在黑板上画两根直线表示马路，用磁铁将这些词卡吸在“马路”的两边，请学生说出这些对象的位置。

- 表示存在的“有”和“是”的对比：教师站在学生中间，告诉学生，他的左边“有”许多学生，但是他的左边“是”某某特定的同学；教师可以在所用教材上放一个本子，本子上放一本词典，词典上放一支笔。告诉学生，“教材上有本子、词典和笔”，但是“教材上是本子，本子上是词典，词典上是笔”。

练习册参考答案

2. (1)吸尘器　(2)里　(3)内　(4)餐厅　(5)明星
   (6)西边　(7)房子、房间　(8)对面　(9)电冰箱　(10)音箱

3. 卫生间里有 — 一个抽水马桶
   窗户下边是 — 一张床
   书架上有 — 一本书
   院子里有 — 一棵小树
   茶几上是 — 一杯绿茶
   学校的左边是 — 一家餐厅
   书桌上有 — 一台电脑
   饭桌的旁边是 — 一把椅子

4. (1)有　(2)是　(3)有　(4)左边
   (5)西面　(6)外面，外/外面　(7)下边，下/下边

第六课 爸爸退休在家

教学目的：

通过本课的教学，学习课文中出现的生词，达到再现水平；熟练掌握生词扩展结构；掌握正反疑问句、兼语句、名词谓语句的用法；掌握动词重叠以及双音节形容词/动词做定语的用法；具有正确介绍方位和问路的交际能力。

教学重点：

(1)动词重叠

(2)双音节形容词/动词做定语

教学难点：

名词谓语句和兼语句的用法

重点突出方法和难点突破方法：

(1)尽量使用本课为这些重点和难点设计的课堂练习和课后作业；参考“课堂教学技巧提示”。

(2)让学生有意识注意课文中出现的兼语句，作统计和句子结构特征的分析。

(3)教师给出场景，让学生练习使用动词重叠式。

词语加油站：

❶ 锻炼

动词。常用结构：锻炼＋身体/身体部位。例如：

锻炼锻炼

锻炼身体

锻炼手臂

锻炼头脑

锻炼腰部

锻炼腿部

❷ 高兴

形容词。常用搭配：某人＋副词＋高兴。例如：

他很高兴。

我非常高兴。

❸ 更

有比较意义的副词。表示二者都具有某种性质，但其中之一尤为突出。典型的句式是：主语（A）＋更＋形容词。例如：

（你和他相比，）他更好。（意思是：你和他都很好，但是他比你好。）

再比如：

石成岁和朱自才写字都很好，石成岁写字更好。

你的词典和我的词典都很新，你的更新。

那件衣服贵，这件衣服更贵。

那种啤酒好喝，这种啤酒更好喝。

王老师好，张老师更好。

❹ 贵

形容词。主要搭配方式：物（商品）＋副词＋贵。例如：

这台录音机很贵。

这块手表太贵了。

这件衣服不贵。

❺ 一方面

连词。通常构成："一方面……，（另）一方面……"的格式。例如：

他喜欢和中国人一起玩，一方面可以多认识中国朋友，另一方面可以学习汉语。

他汉语学得很好，一方面是因为他学习刻苦，另一方面是因为他有很好的学习方法。

❻ 美化

动词。汉语中某些形容词可以通过附加后缀“化”的形式构成动词。例如：

美化生活/美化城市

~化：绿化城市

❼ 难

形容词。主要搭配方式：处理对象＋副词＋难（V）。例如：

这个问题很难。

汉语不难。

这个问题不难回答。

汉语不难学。

❽ 退休

不及物动词。常用句法结构：某人＋退休。使用这一结构需要体助词、时间词或其他成分。例如：

爷爷退休了。

爸爸明年退休。

妈妈退休在家。

哥哥没退休。

❾ 完

动词，做谓语。“完”总是和“了”一起使用。

(1)事情/工作＋完了。例如：

这件事儿完了。

电影完了。

舞会完了。

(2)做补语：V＋完（了）。“V 完”后面如果还有宾语和其他短语，一般不用“了”。例如：

(作业)做完了。	做完作业回家。
(茶)喝完了。	喝完茶就走。
(课文)念完了。	念完课文下课。
(问题)回答完了。	回答完问题请坐下。

⑩ 远

形容词。主要搭配方式:目标/路途+副词+远。如:

学校很远。

首尔不远。

商店不太远。

去商店的路很远。

⑪整理

动词。主要搭配方式:(某人)+整理+对象/场所。如:

(我)整理书包

(他)整理文件

(哥哥)整理书桌

(老师)整理办公室

(妈妈)整理房间

⑫准备

动词。宾语可以是名词,但多数为动词性结构。主要句法结构为:某人+准备+NP/VP。例如:

你准备午饭。

我准备考试。

他准备去中国。

妈妈准备明天打扫房间。

⑬哦

叹词。常用来表示“知道了”或者“明白了”。例如:

妈妈:今天你早点儿回家。

石成岁:哦。

哦,我明白了。

哦,原来是这样啊!

语法观察:

❶ 每

一般用在数量词的前面,不用在名词的前面。如果数词是“一”的话,“一”可以省略。例如:每件衣服、每所大学、每个人。“每”也经常用在时间量词的前面,如:每天、每(个)星期、每(个)月、每年。“每”也可以表示以某种数量为单位,例如:每两个人、每三件衣服、每五所大学。

❷ ……,是吗?

用来表示对所说的话的确认,主要是请听话人确认。例如:

A:他是中国人,是吗? B:是,他是中国人。

A:你今天下午没有课,是吗? B:不,我今天下午有课。

❸ 好吗?

用来表示提出建议,希望能够得到对方的赞成。例如:

A:我们去商店,好吗? B:好。

A:下午我们去看电影,好吗? B:不行,下午我有事儿。

❹ 名词谓语句

汉语中大部分句子的谓语是动词,也有一部分是形容词直接充当的。如“你好吗?我很好。”但是也有少数谓语是名词性的。主要是:

(1)用于表示时间、日期、数量等。例如:

现在两点。

明天星期天。

六月一日,儿童节。

我今年47岁。

(2)用于表示某人的身份、性质等,主语的后面常常用逗号隔开。例如:

李哲浩,首尔人。

❺ 正反疑问句

典型的正反疑问句的结构是:“V不V”或者“A不A”。例如:

你去不去? 这件衣服贵不贵?

他是不是中国人? 商店里人多不多?

你喝不喝茶? 我写的字对不对?

他认识不认识我? 他的女朋友漂亮不漂亮?

你买不买衣服? 她的男朋友英俊不英俊?

你复习不复习? 你现在忙不忙?

有些语义上有“完成”特征的动词需要用“没”来构成正反疑问句,例如“有没有”“忘没忘”。

表示过去时的问句,用“V没V”来提问,如:

你昨天去学校了吗？ = 你昨天去没去学校？

你吃饭了吗？ = 你吃没吃饭？

❻ 兼语句

这是汉语中比较特别的句子，是两个句子的套叠。如：

王老师教我们。（"我们"是宾语）

我们学汉语。（"我们"是主语）

合并成为：王老师教我们学汉语。（"我们"兼任前面句子的宾语和后面句子的主语）

兼语动词很少，主要是"让、教、叫、请、帮助、命令"等有使令意义的动词。

❼ 动词重叠

动词重叠表示短时、少量，带有一种轻松的语气。例如：

他退休了，每天在家听听音乐，喝喝茶，看看报。

这个问题，你问问老师。

星期天，我要去看看朋友。

❽ 动词/双音节形容词做定语

动词或者双音节形容词做定语一般要用"的"。例如：

买的花儿/看的书/喜欢的人/认识的中国朋友/种的花儿/介绍的老师/回答的问题

英俊的男朋友/漂亮的姑娘/高兴的时候/幸福的家庭

教学建议：

- 可将"语音对应、词汇扩展参考词"作为课外作业，让学生查《汉韩词典》翻写为韩文。

课堂教学技巧提示：

- 教师给出核心名词，请同学加上动词或双音节形容词，比谁写得多。
- 教师课前准备一些图片，可以是明星的照片或是建筑物等等，请学生用"更"来比较。
- 教师说各个建筑物的方位，让学生在纸上或黑板上画出来。
- 教师在黑板上画出一个区域的地图，标注建筑物的位置，然后请同学扮演过路者，向他提问某一个地点的方位。也可以请学生分组，自己画地图并出题。
- 教师给出一个常见的动词，让学生加上"的＋名词"，然后不断扩展成句子，例如：

学──→学的生词──→昨天学的生词──→我昨天学的生词──→我昨天学的生词很多。

课堂用书参考答案

2.（8）"觉得"的重叠形式应该是"觉不觉得"，请提示学生。

练习册参考答案

2. 幸福的——家庭
高兴的——孩子
漂亮的——姑娘
英俊的——小伙子
昨天买的——手表
吃饭的——食堂
参加的——同学
回家的——路

3.（1）锻炼锻炼、整理整理、做做、读读、看看、听听
（2）帮帮、看看、喝喝、吃吃

4.（1）王老师让我们学汉语。
（2）金老师教我们汉语语法。
（3）老师叫你去教室。
（4）我明天请你喝咖啡。
（5）石成岁帮助我复习语法。

第七课 准备看演出

教学目的：

通过本课的教学，学习课文出现的生词（达到再现水平）；熟练掌握生词扩展结构；掌握动词的“体”：动作的持续、状态的持续的表达结构；掌握语气词“了”“吧”“呢”；学会形容词重叠的用法以及不定量词：“些”“一点儿”。

教学重点：

(1)动作的持续和状态的持续

(2)句尾“了”

教学难点：

(1)表示状态持续的“着”

(2)表示动作持续的“在 VP”

(3)表示“到说话的时候开始并持续”的“了”

重点突出方法和难点突破方法：

(1)尽量使用本课为这些重点和难点设计的课堂练习和课后作业；参考“课堂教学技巧提示”。

(2)注意句尾“了”和词尾“了”的比较。

(3)注意比较语气词“了”“吧”“呢”，也可根据学生掌握程度和要求适当加入其他的语气词，如“啊”“的”“嘛”等。

(4)在进行持续体的教学时，尽量多进行不同句式间的变化练习和造句练习，口头和书写结合，熟能生巧，使学生熟练掌握。

词语加油站：

❶ 因为……，所以……

连词。连接两个分句，前一个分句表示原因，后一个分句表示结果。有的时候，表示原因的连词可以省略，特别是在口语中。例如：

（因为）他吸烟吸得太多了，所以身体不太好。

（因为）你介绍过你的朋友，所以我认识他。

❷ 表演

动词。主要搭配项目：某人 + 表演 + 节目。例如：

同学们表演节目。

我们表演京剧。

老师们表演大合唱。

他表演舞蹈。

❸ 全部

副词。在动词前修饰谓语动词，但是在语义上指向主语名词。可以和“都”配合使用。例如：

作业全部（都）做完了。

茶全部（都）喝完了。

这些我全部（都）要。

这些学生我全部（都）认识。

❹ 马马虎虎

形容词“马虎”的重叠形式。单独使用“马虎”时前面需要使用程度副词，主要做谓语。例如：

他做事儿很马虎。

你做作业太马虎了。

重叠形式“马马虎虎”可以做形容词谓语句，但常要在后面加“的”。例如：

他做事儿马马虎虎的。

A：这件衣服怎么样？　　B：马马虎虎。

“马马虎虎”也可以做副词用，修饰动词。例如：

他马马虎虎地写了几个字。

他马马虎虎地洗了一些衣服。

我们马马虎虎地吃了一些。

❺ 漂漂亮亮、整整齐齐、高高兴兴（参看“马马虎虎”）

她很漂亮。　桌子椅子很整齐。　我们很高兴。

她漂漂亮亮的。　桌子椅子整整齐齐的。　我们都高高兴兴的。

桌子椅子整整齐齐地放着。　我们高高兴兴地出发了。

❻ 出发

不及物动词。例如：

你们几点出发？

你们什么时候出发？

我们五点出发。

他们已经出发了。

❼ 麻烦

形容词、名词。例如：

这件事儿很麻烦。（形容词）

这样太麻烦了。（形容词）

我最近有一些小麻烦。（名词）

A：你有麻烦吗？　B：我很好，没什么麻烦。（名词）

❽ 高架

名词。封闭式立体高速公路的简称。还有“高架路、高架桥、立交桥”等说法。

❾ 堵车

动词短语。也叫“塞车”。例如：

前面堵车了。/ 前面塞车了。

今天路上堵车了。/ 今天路上塞车了。

堵车堵了一个多小时。/ 塞车塞了一个多小时。

❿ 结束

动词。主要搭配项目和方式：工作/事情 + 结束（了）。例如：

A：你工作结束了吗？　B：结束了。

学期结束了。

考试结束了。

介绍结束了。

⓫ 不见不散

动词短语，约会用语。例如：

A：我们明天下午三点，学校门口，不见不散。

B：好，不见不散。

语法观察：

❶ V 一 V/VV

用于单音节动词。表示短时、少量，带有轻松的意味。简略形式：VV。例如：

你看一看电视/你看看电视

你写一写字/你写写字

你吃一吃/你吃吃

你用一用/你用用

❷ 呢

（1）用于表示“进行”体的标记，常常和“在 VP”“VP 着”配合使用。例如：

我吃饭呢。⟺ 我在吃饭呢。（意思是：我在吃饭）

她复习课文呢。⟺ 她在复习课文呢。（意思是：她在复习课文）

我在锻炼身体呢。

你说吧，我听着呢。

（2）名词＋呢，表示疑问，在没有其他语境参照的情况下，表示询问“在哪儿”。例如：

余老师呢？（意思是：余老师在哪儿？）

我的词典呢？（意思是：我的词典在哪儿？）

（3）特指疑问句（用疑问代词的疑问句）后面用“呢”表示“根据所参考的情况，现在应该怎么做”。例如：

（桌子上有很多东西，）这些书放在哪儿呢？（不能放在桌子上，那么应该放在哪儿？）

（没有公交车，）我怎么去学校呢？（没有公交车，那么我用什么方法去学校？）

❸ 表示状态持续的“着”

汉语表示状态的持续可在动词的后面加“着”。例如：

门开着。

墙上挂着许多照片。

她穿着一件漂亮的衣服。

这些句子表示一种状态的持续。对状态持续的否定，也用“没有”。例如上面例子的否定：

门没开(着)。

墙上没挂(着)照片。

“着”和别的动词连用表示后面动词的方式。例如：

笑着说、端着碗吃饭、瞪着眼看我、躺着看书、骑着车上街……

❹ 表示动作持续的“在VP”

表示动作的持续主要用“在VP”结构和“VP呢”(“VP呢”结构女性常用)。“在”也可以用在“VP呢”结构中。例如：

在VP	VP呢	在VP呢
他在看书。	他看书呢。	他在看书呢。
老师在上课。	老师上课呢。	老师在上课呢。
李哲浩在唱歌。	李哲浩唱歌呢。	李哲浩在唱歌呢。
同学们在吃饭。	同学们吃饭呢。	同学们在吃饭呢。

否定动作的持续用“没”和“不”都可以。例如：

没在VP	不在VP
他没在看书。	他不在看书。
老师没在上课。	老师不在上课。
李哲浩没在唱歌。	李哲浩不在唱歌。
同学们没在吃饭。	同学们不在吃饭。

❺ 表示“到说话的时候开始并持续”的“了”

汉语中动词后面的“了”表示动作的完成。如果表示某一事件在说话以前开始发生，它所产生的状态到说话的时候为止还在进行，可以用句子末尾的“了”表示(也可以简称“表示新情况的‘了’”)。例如：

下雨了。(持续动词，说话前开始下雨，说话的时候雨还在下着)

她写字了。(持续动词，说话前开始写字，说话的时候她还在写字)

这本书我看了一个星期了。(持续动词，说话的时候我还在看这本书)

我进大学了。(非持续动词，“进”动作结束，但是到说话的时候保持“进了”以后的状态：我还在大学)

我明白了。(非持续动词，理解的过程结束，到说话的时候保持“明白”的状态：我现在还明白)

她去北京了。(到说话的时候保持一种状态：她还在北京)

上面的句子如果不用“了”，“体”的意思就要发生变化。

这种句尾的“了”的句子里可以有表示现在或以前的时间词，不能出现表示将来的时间词。例如：

他昨天去北京了。　　　　＊他明天去北京了。

我上个星期病了。　　　　＊我下个星期病了。

我现在明白了。　　　　　＊我后天明白了。

❻ 表示语气的“了”

表示语气的“了”和“体”没有关系，用不用“了”不发生“体”的变化，但是可能发生语气的变化，也可能影响句子是否成立。例如：

这儿太冷了，我们走吧。　　这儿太冷，我们走吧。

我太高兴了。　　　　　　＊我太高兴。

她太漂亮了。　　　　　　？她太漂亮。

她可高兴了。　　　　　　＊她可高兴。

语气词“了”常常跟程度副词“太”“可”配合使用。

❼ 吧

语气词。主要起舒缓语气的作用，常常用于回应对方的提议、提意见、征求建议等。例如：

①A：你觉得怎么样？　　　B：我觉得那样比较好吧。

好吧，你拿去吧。

②我们吃饭去吧！

我们走吧。

“吧”的另一个用法是表示某种猜测，不完全有把握，因此询问对方，请求对方确认。例如：

③你是中国人吧？（说话人猜想他可能是中国人，但没有十分的把握）

你去过中国吧？（说话人猜想他可能去过中国，但没有十分的把握）

❽ 不定量词“一些”

表示不确定数量的量词。单用“些”的意思是“一些”，表示量少。如：

买一些东西　　看一些书　　做一些练习

和“一些”相似的是“一点儿”。汉语中“一”和量词一起用的时候，常常省略。这和韩国语差不多。如上面的例子可以改成：

买些东西　　看些书　　做些练习

省略“一”的其他例子如：

买件衣服（一件衣服）　买本词典（一本词典）　来瓶啤酒（一瓶啤酒）

❾ 形容词重叠

形容词重叠常常有描写性，也有加强程度的意味。双音节的形容词多数用AABB式的重叠形式。如：干干净净、漂漂亮亮。

形容词不重叠单独使用需要用程度副词，主要做谓语（多用于口语中）和定语（多用于书面语中）。重叠形式也可以构成形容词谓语句，还可以做副词用，修饰动词，构成“AABB地V”结构。例如：

马马虎虎地吃了一些

漂漂亮亮地出去了

干干净净地去学校

高高兴兴地走了

我们整整齐齐地出发了。

描写性的形容词内部多为偏正结构，如“雪白”“通红”“飞快”等形容词的重叠形式是ABAB，例如：

雪白雪白　通红通红　飞快飞快

❿ 状语和“地”

状语有时间状语、地点状语、情态状语等等，它们表示动作所发生的时间、地点、情态等。时间、地点状语后面不用“地”，例如：

我明天去上学。　　我明天漂漂亮亮地去上学。

他在家看书。　　他在家安静地看书。

但是如果形容词短语、动词或动词短语、情态副词做状语来描写动作发出者的话，大多使用“地”。如：

他高高兴兴地说。（意思是：他//高兴）

他头也不回地走了。（意思是：他//头也不回）

如果做状语的形容词、副词是描写动作的，大多不用“地”，能够用“地”的用不用也比较自由。例如：

你慢慢（地）吃。

他马马虎虎（地）吃了一些。

我们整整齐齐（地）出发了。

教学建议：

• 可将“语音对应、词汇扩展参考词”作为课外作业，让学生查《汉韩词典》翻写为韩文。

课堂教学技巧提示：

• 请同学到黑板上来写可以重叠的形容词，看谁写得多。同时让其他同学指出错误的重叠，老师最后指正。

• 看图说话，请学生用指定的形容词重叠形式造句。

• 教师请学生用“着”来描述教室里的物品，如：墙上挂着地图，空调开着，门关着，桌上放着书……

• 请A同学用“呢”提问某人的去处，B同学用“吧”猜测某人的去处。如：

A：王老师呢？

B：王老师吃饭去了吧？

课堂用书参考答案

1. (1)马马虎虎　(2)整整齐齐　(3)高高兴兴
   (4)漂漂亮亮　(5)干干净净

5. (1)下雪了。
   (2)吃饭吃了半个小时了。
   (3)他吸烟吸了20年了。
   (4)我学了两年汉语了。
   (5)我写了一个小时字了。
   (6)他打电脑打了三个小时了。
   (7)他(昨天已经)参加社会党了。
   (8)余老师(上个星期已经)去中国了。

6. (1)你是日本人吧？
   (2)你去学校吧？

(3) 您退休了吧？
(4) 你吃饭了吧？

练习册参考答案

2. (1) 堵着　(2) 拿着　(3) 念着　(4) 吃着、看着
(5) 吸着　(6) 坐着　(7) 端着　(8) 笑着

3. (1) 问(一)问　(2) 喝(一)喝　(3) 用(一)用　(4) 看(一)看
(5) 介绍介绍　(6) 帮助帮助(教教)　(7) 锻炼锻炼　(8) 整理整理

4. (1) 吃了　(2) 问了　(3) 打开了　(4) 帮助了
(5) 看了　(6) 买了　(7) 复习了　(8) 遇见了、问了、回答了
(9) 忘了　(10) 参加了

第八课 节目很精彩

教学目的：

通过本课的教学，学习课文出现的生词，达到再现水平，熟练掌握生词扩展结构；掌握主谓结构做定语、“……的时候”、“要……了”；复习表示新情况的“了”。

教学重点：

(1)主谓结构做定语
(2)“……的时候”
(3)“要……了”
(4)“快要……了”
(5)介词“为”

教学难点：

(1)“……的时候”
(2)主谓结构做定语

重点突出方法和难点突破方法：

(1)参考本课为这些重点和难点设计的课堂练习和课后作业。

(2)参考“课堂教学技巧提示”。

(3)先让学生造句，使用表示新情况的“了”，然后把这些句子改写成“快要……了”和“要……了”的结构，并作比较，让学生体会其中的差异。

词语加油站：

❶ 剧场

名词。一个剧院里面可能有几个剧场。

❷ 拿

动词。主要句法结构:某人+拿(I)+物(注:I 是指“着、了、过、出、来”等)。例如:

你等等,我去拿报纸。

请同学们拿出本子。

妈妈从包里拿出一件衣服。

妹妹拿着一个苹果跑过来。

她(手里)拿着书。

我拿了一本词典。

她拿出一把雨伞。

如果“拿”后面没有动态助词,就是祈使句(要求别人做什么),或者表示将要做什么。例如:

你拿书,我拿词典。

❸ 经过

动词。主要搭配方式:人/物+经过+场所/地点。例如:

你经过那个商店吗?

明天我去学校,要经过那个商店。

我去釜山要经过大邱。

我开车经过那儿。

明天爸爸经过这里的时候,会来学校看我。

有时相当于“通过”。例如:

经过老师的帮助,我明白了很多。

经过这件事儿,我得到了很多经验。

经过这几天的休息,他的感冒好了。

经过几天几夜的努力,我们终于完成了工作。

❹ 快要……了

汉语中特殊的体标记,表示“即将发生”。意思和“就要……了”相同。但是“就要……了”前面可以用时间状语,但是“快要……了”前面不加时间状语。“快要……了”也可以简化成“要……了”或者“快……了”。主要句法结构为:主语+快要+VP

+了。例如：

老师快要来了。

她快要结婚了。

考试快要开始了。

工作快要结束了。

她快要做妈妈了。

我快要去中国旅行了。

我们快要放学了。

快要下雨了。

快要开会了，请安静。

电影快要开始了。

❺ 开始

动词。例如：

开始吃饭　开始考试　开始上课　开始听写　开始读书

开始唱歌　开始跳舞　开始卖票

句法结构：(1)某人+开始+动词短语；(2)事件+开始。例如：

大家开始吃饭吧！

我们现在开始考试。

我们现在开始听写。

他们七点钟开始开会。

我们九点钟开始上课。

比赛开始了。

比赛开始！

开始！(一、二、三，开始！)(用于宣布命令)

❻ 暗

形容词，常常做句子的谓语。例如：

这儿很暗。

教室里很暗。

房间里太暗了，我什么也看不见。

这件衣服的颜色很暗。

外面很暗，要下雨了。

后面加“了”，表示变化。例如：

剧场里暗了。(原来不暗，现在暗了)

天暗了。(太阳下山了，天色越来越暗了)

❼ 动作

名词。常常用来指某人的行为。例如：

动作优美	优美的动作	动作很优美
动作好看	好看的动作	动作很好看
动作不对	你的动作不对	做一个动作

主要句法结构：(1)某人 + 的 + 动作；(2)X 的 + 动作。例如：

那个女演员的动作很优美。

你的动作很好看。

他的动作不对。

老师可以让学生做一个打开窗户的动作或者做一个“再见”的动作。

❽ 优美

形容词。例如：

优美的动作	动作优美
优美的环境	环境优美
优美的姿势	姿势优美
优美的歌声	歌声优美
优美的形式	形式优美

❾ 为

介词。和名词或动词短语一起构成介词短语，表示动作行为的对象、目的或原因。例如：

表示对象：	为	弟弟	买词典。
	为	妹妹	送雨伞。
	为	爸爸	买报纸。
	为	妈妈	准备咖啡。
	为	人民	服务。
	我为	女朋友	买花。
	石成岁为	老师	擦黑板。
	朱自才为	石成岁	拿书包。
表示目的：	为	爷爷的生日	干杯！
	为	我们的友谊	干杯！
	他为	出国留学	努力。
	她为	学习汉语	去中国。
	我为	买那本书	去首尔。

	我们为	吃中国菜	开车去找中餐馆。
表示原因：	为	他们的精彩表演	鼓掌。
	我们为	她去中国学习汉语	而高兴。
	老师为	我们的好成绩	开心地笑了。
	妹妹为	那件新衣服	兴奋得跳了起来。
	弟弟为	那只狗不见了	哭了半天。

通常表示目的的是还没有做的事情，或将要实现的事情；表示原因的是已经做了的或者已经实现的事情。

⑩ 兴奋

形容词。主要句法结构：(1)某人＋程度副词＋兴奋；(2)某人＋兴奋地＋VP。例如：

他现在很兴奋。

同学们很兴奋。

我们看表演的时候很兴奋。

他兴奋地说：……

石成岁兴奋地打开电视。

⑪讨论

动词。主要句法结构：某人＋讨论＋事件(N/VP/S)。例如：

老师说明天讨论这个问题。

同学们正在讨论表演的事情。

我们现在讨论谁去中国留学的问题。

他们正在讨论哪天去登山。

我和朱自才在讨论昨天看的电影。

他们正在讨论什么时候去旅行。

爸爸妈妈讨论哥哥结婚的事儿。

⑫刚才

时间名词。表示事件发生的时间很近，主要语法位置在动词前或主语前。如：

我刚才回来的时候，他在这儿。

他刚才买的。

刚才我看见石成岁了。

刚才金老师来过。

刚才谁进来了？

⑬有点儿

副词性短语。主要句法结构:有点儿+形容词,主要表示不合意。例如:

有点儿难/有点儿大/有点儿贵/有点儿远/有点儿不舒服

这个问题有点儿难。

这件衣服有点儿大。

这个书包有点儿小。

我有点儿想家。

石成岁今天有点儿不舒服。

爸爸没给妹妹买礼物,她有点儿不高兴。

⑭又

副词。表示已经重复的行为动作。主要句法结构:又+VP(了)。例如:

他又来了。

我又写了一个汉字。

爸爸又去了一次首尔。

她今天又迟到了。

哥哥又买了一本书。

我又吃了一碗饭。

姐姐又写了一封信。

我们又读了一遍课文。

朱自才又看了一部电影。

还没有实现的重复的行为动作用“再”或“还”。

⑮ 回答

动词。主要句法结构:某人+回答+问题。例如:

我回答了老师的问题。

请你回答我的问题。

他回答了三个问题。

我不会回答这些问题的。

语法观察:

❶ ……的时候

一个事件(常常是动词短语)加上“的时候”表示发生事件的时间,用来表示事件的时间背景。做定语的常常是主谓结构。如:

我们到那儿＋的＋时候 ⇒ 我们到那儿的时候

“时候”和“时间”的差别在于：“时间”表示时间段，而“时候”表示时间点。因此“时候”总是需要一个参照的事件（在发生那个事件的当时）。例如：

吃饭——吃饭的时候（，她来了。）

上课——上课的时候（，我们很高兴。）

我整理书包——我整理书包的时候（，她说：……）

我写字——我写字的时候（，你别跟我说话。）

A：老师来的时候，你们在干什么？

B：老师来的时候，我们在学习。

A：昨天开会的时候，谁来找你了？

B：昨天开会的时候，石成岁来找我了。

“时间”表示一个时间段。例如：

A：你有时间吗？	＊A：你有时候吗？
B：我有很多时间。	＊B：我有很多时候。
现在是工作的时间。	
你吃饭需要多少时间？	＊你吃饭需要多少时候？
我只要一点儿时间。	＊我只要一点儿时候。
＊下课的时间，我来找你。	下课的时间是十五分钟。
＊我学习的时间，你别跟我说话。	我学习的时间是两个小时。
＊昨天开会的时间，石成岁来找我了。	昨天开会的时间是半个小时。

再如：

A：你现在有时间吗？

B：现在很忙，没有时间。

A：那你什么时候有时间？

B：明天中午放学的时候有时间。

辨析　开会的时候 vs 开会的时间

前者指的是“开会”的那个时间点，比如“三点钟”“四点钟”等，后者指的是“开会”所花费的时间。所以可以说：

开会的时间不太长。

而不可以说：

＊开会的时候不太长。

❷ 主谓结构做定语

主谓结构做定语通常是“主语＋动词＋的＋名词”。如：

我昨天买词典	⟶我昨天买	的	词典	很便宜。
妹妹洗衣服	⟶妹妹洗	的	衣服	不太干净。

同学们表演节目	⟶同学们表演	的	节目	很精彩。
我参加会议	⟶我参加	的	会议	人不多。
老师写字	⟶老师写	的	字	很好看。
	⟶老师写字	的	时候，	我们在看书。
我做饭	⟶我做	的	饭	不好吃。
	⟶我做饭	的	时候，	弟弟在看电视。

"……的时候"大部分是主谓结构做定语，所不同的是，"……的时候"的定语可以是"主谓宾"结构。例如：

老师写字⟶老师写字的时候

我昨天买词典⟶我昨天买词典的时候

❸ 要……了

"要……了"结构中的"了"实际上是对"要……"这一即将发生的状态的认定，即认为"要……"这一事件已经成为现实。比较没有"了"的句子：

我要去中国。（意思是：我想去中国）

我要去中国了。（意思是：我即将去中国）

① A：你要去哪儿？
　B：我要去中国，因为公司的事情。

② A：我下星期不能来。
　B：为什么？
　A：因为我要去中国了。

我要结婚。（意思是：我想/需要结婚）

我要结婚了。（意思是：我即将结婚）

教学建议：

• 可将"语音对应、词汇扩展参考词"作为课外作业，让学生查《汉韩词典》翻写为韩文。

课堂教学技巧提示：

• 请一个同学说出一个"……的时候"的结构，另一个同学把句子补充完整。

• 学习"快要……了"时，老师给出前提，启发学生，如：8:00 上课，现在 7:55，我们可以说："快要上课了"；火车 15:30 开，现在 15:15，可以说："火车快要开了"。

• 请学生分组准备表演一个小故事，要求用上带有"……的时候""要……了"，以及主谓结构做谓语的句子，在下一次上课的时候表演。

课堂用书参考答案

1. (1) 路上堵车的时候，我们看报纸，好吗？
(2) 电影结束的时候，我们一起去吃饭，好吗？
(3) 演出开始的时候，我们一起进去，好吗？
(4) 老师们讨论问题的时候，请别说话，好吗？
(5) 金成大回答问题的时候，你听懂了吗？
(6) 你爸爸退休的时候，你读大学了吗？
(7) 你经过商店的时候，给我买一个本子，好吗？
(8) 你遇到他的时候，告诉我一下儿，好吗？

2. (1) 时间　　一个小时/半个小时……
(2) 时间　　一年/两年……
(3) 时间　　十分钟/半个小时
(4) 时间　　考试的时间是90分钟。
(5) 时候　　堵车的时候我看书。
(6) 时候　　我八岁的时候去过北京。

3. (1) 李哲浩念的生词　　李哲浩念的生词我不认识。
(2) 他打开的书包　　他打开的书包是新的。
(3) 你拿的词典　　你拿的词典是老师的。
(4) 他们讨论的问题　　他们讨论的问题很难。
(5) 我忘记的生词　　我忘记的生词很多。
(6) 他参加的会议　　他参加的会议人很多。
(7) 你借的钱　　你借的钱有多少？
(8) 老师教的课文　　老师教的课文很有趣。

4. (1) 老师上的新课，我没听懂/非常有趣/不太难。
(2) 我们讨论的问题，没有答案/非常有趣/不太难。
(3) 他在图书馆借的书，非常有趣/很好看。

(4)同学们表演的节目,很精彩/非常有趣/很好看。

5. (1)我马上要去中国了。
(2)李哲浩要去参加一个会议了。
(3)赶快走,下午五点钟路上要堵车了。
(4)爸爸下个星期要退休了。
(5)你出来一下儿,我要整理你的房间了。
(6)还有五分钟,这个电影就要结束了。
(7)下个星期老师要教新课文了。
(8)你请坐,她要给我们介绍中国朋友了。
(9)明天我们要学习生词了。
(10)这个星期五我们要考试了。

练习册参考答案

2. (1)时间 (2)时间 (3)时候 (4)时候
(5)时候 (6)时间 (7)时间 (8)时候

3. (1)路上堵车的时候,我就看报纸。
(2)演出结束的时候,我觉得肚子很饿。
(3)你遇到我的时候,我刚从图书馆回来。
(4)妈妈退休的时候,妹妹上大学一年级。
(5)同学们鼓掌的时候,演员们在表演节目。
(6)妹妹经过商店的时候,给我买了一支笔。
(7)老师们讨论问题的时候,学生们在看书。
(8)朱自才回答问题的时候,余如发和金成大在说话。

4. (1)金老师要去参加一个会议了。
(2)快点儿,下午五点半路上要堵车了。
(3)爸爸下个月要退休了。
(4)你到客厅去,我要整理你的房间了。
(5)还有五分钟,这个演出就要结束了。
(6)下个星期石成岁要过生日了。
(7)请安静,她要讲故事了。

(8)明天我们要学习生词了。
(9)下个星期一我们要考试了。
(10)后天要过春节了。

5. (1)我每天锻炼身体。
(2)我和石成岁常常互相帮助。
(3)他们有时候拿我的词典。
(4)我没有做练习。
(5)他喜欢去中国。
(6)朱自才想学习汉语。
(7)他没想到我来学校。
(8)天气预报说,明天下雨。
(9)下个星期朱自才去上海。
(10)老师很喜欢我。

6. (1)B:爸爸退休的时候,我在上大学三年级。
(2)A:你经过商店的时候,帮我买一个本子吧。
(3)B:放电影的时候,我要去奶奶家。
(4)A:我们上课的时候,我就饿了。

第九课 打算去旅游

教学目的：

通过本课的教学，学习课文中出现的生词，要求达到再现水平；熟练掌握生词扩展结构；掌握能愿动词“愿意、想、要”，副词“再、还、又、就”，连词“或者、和、还是”，选择疑问句“是……还是……”，动词“离”，反身代词“自己”的用法；掌握时体中的“进行体”。

教学重点：

(1)选择疑问句：是……还是……

(2)进行体

教学难点：

(1)能愿动词“愿意、想、要”

(2)副词“再、还、又”

重点突出方法和难点突破方法：

(1)尽量使用本课为这些重点和难点设计的课堂练习和课后作业，参考“课堂教学技巧提示”。

(2) 通过具体的例句分析来加深理解选择疑问句，通过对比分析理解进行体的句子。

(3)通过使用不同的例句来比较“愿意、想、要”之间的区别以及副词“再、还、又”之间的区别。

词语加油站：

❶ 打算

动词。主要句法结构：某人 + 打算 + VP。例如：

我打算明年去中国学习汉语。

我们打算下个星期去首尔。

你寒假打算去哪里？

❷ 或者

连词。表示选择，用在陈述句中，疑问句的选择使用“还是”。主要句法结构：(1) NP + 或者 + NP；(2) VP + 或者 + VP。例如：

今天或者明天

学生或者老师

吃饭或者吃面包

去上海或者去北京

❸ 旅游

不及物动词。主要句法结构：某人 + 去(+ 地名) + 旅游。例如：

我下个星期去旅游。

我明天去中国旅游。

我们去旅游吧！

辨析　旅游 vs 旅行

“旅游”有“游览”的意思，“旅行”主要指“旅途、行程”，所以去外地游览风光，应该用“旅游”。

❹ 到底

语气副词，表示“终究”，主要用于疑问句，加强语气。主要句法结构：

(1) 主语 + 到底 + VP？(2) 到底 + 疑问代词 + VP？例如：

你到底去不去？

他到底是谁？

他到底怎么样了？

到底谁好？

到底哪儿有中国饭店？

到底有多贵？

❺ 决定

动词。主要句法结构:某人+决定+VP。例如:

A:你决定了吗? B:我决定了。

A:你决定什么时候去中国? B:我决定明天去中国。

我决定买一台电脑。

❻ 想

心理动词。表示心理需求或打算。主要句法结构:某人+想+VP。例如:

我想学习汉语。

我想帮助他。

我想喝水。

你想看电视吗?

"想+某人/物"表示"想念",例如:

我很想你。

我很想我妈妈。

我想我的家乡/祖国。

❼ 邀请

动词。主要句法结构:某人+邀请+某人(+VP)。例如:

我邀请你。

我邀请你来我们学校。

我邀请你来我们学校工作。

❽ 愿意

能愿动词。主要句法结构:某人+愿意+VP。例如:

A:你愿意去中国吗? B:我愿意。

他不愿意表演节目。

他爸爸不愿意退休。

弟弟不愿意告诉我。

❾ 建议

动词。主要句法结构:某人+建议+某人+VP。例如:

老师建议我喝绿茶。

我建议你不要吸烟。

他建议我参加这次活动。

医生建议我每天锻炼身体。

⑩ 或许

副词。主要句法结构：(1)主语+或许+VP；(2)或许+主语+VP。例如：

他或许不来了。

电视机或许坏了。

或许他不愿意呢？

或许地图有问题。

⑪没想到

动词短语。主要句法结构：(主语+)没想到+人/物+VP。例如：

(我)没想到你会来首尔。

(他)没想到这本词典这么贵。

没想到你会吸烟。

没想到上海的夏天这么热。

⑫终于

副词。主要用在动词前面，如果需要强调“终于”，它也可以在句首，但要用逗号隔开。例如：

她终于来了。

天气终于晴了。

我终于找到工作了。

终于，他病倒了。

语法观察：

❶ 能愿动词：愿意、想、要

愿意：表示接受，和“想、要”相比，主动性、积极性差一些。如：

爸爸：我让你去中国学习，你愿意吗？

石成岁：我愿意。我愿意去中国学习。

想：表示打算和计划，还没有作最后的决定。如：

朱自才：我打算去中国学习。

石成岁：我也想去中国学习。

要：打算以后已经作出决定。如：

朱自才：爸爸，您给我买飞机票吧，我要去中国学习。

爸爸：好。我明天给你订机票。

❷“再、还、又”比较

“再、还（不用‘了’的情况下）”都表示没有实现或没有完成的行为，“再”表示前一个动作行为结束（或停止）以后，再一次重复或继续前面的行为；“还”表示继续进行原先的动作行为。“还”能够修饰带“了”的动词，而“再”不可以。

“又”表示重复已经实现或已经完成的行为，所以动词后面常常有“了”。

“还”修饰带“了”的动词和“又”的比较：相同点是，它们都表示重复，但是“还”表示的行为和前面的行为是连续或结合的；“又”表示的行为与前面的行为无关联。例如：

你再吃点儿吧。（说话人认为“你”不吃了，停下来了，他要“你”继续吃）
我明天再来。

你还在看电视啊？（一直在看电视，没有停止过）
他还在吃呢。
我还想去中国。
我还要喝呢。
她买了一本书，还买了一本词典。（＊再买了一本词典）

爸爸把电脑关了，你怎么又打开了呢？
他今天又来了。
那部电影我以前看过，昨天又看了一遍。

❸就

表示“少量”“快”等意义，也用来连接逻辑上的先后关系。例如：
别着急，我就来。（快：我马上来）
这儿就三个同学，人太少。（很少：只有三个同学）
写完了以后就给我。（马上：写完，然后马上给我）
如果明天下雨，我就不来了。（逻辑关系）

❹连词：或者、还是

或者：用在陈述句中，例如：我星期一或者星期二去北京。
我想买一件白色或者红色的衣服。
还是：用在疑问句中，例如：你星期一还是星期二去北京？
你想买白色的还是红色的？

❺ 连词:所以

"所以"通常跟"因为"一起构成表示因果关系的复句,前面的分句用"因为"来引导,后面的分句用"所以"来引导。例如:

因为不努力学习,所以她的成绩不太好。

天气太冷了,所以孩子们都不愿意出来玩儿。

他家有经济困难,所以他休学了。

她一直坚持锻炼身体,所以身体很棒。

前一分句的"因为"常常可以省略,后面的"所以"有时也能省略。例如:

因为天气太冷了,孩子们都不愿意出来玩儿。

他因为经济有困难,这学期休学了。

❻ 动词:离

表示两个空间方位之间的距离远近。常用结构:(1)离 + 名词 + 远/近;(2)离 + 地点 + 有 + 表距离的数量词。例如:

我家离学校很近。

北京离上海很远。

我离你那儿有三公里路。

❼ 反身代词:自己

常用形式是:我自己、你自己、他自己,也可以单用。单用的时候如果没有上文照应,表示听话人,或者表示泛指。如:

自己说了就要做到。

自己做的事情自己承担。

自己犯的错误自己改正。

自己不愿意做的事情,也不要让别人做。

❽ 进行体表示动作的进行

动作正在进行常用的表现方法是,把副词"在"或者"正在"加在动词前面。如:

她在写字。

我在看电视。

孩子们正在吃饭。

他哥哥正在睡觉。

"正"表示"两个事件的重合","在" 表示"进行","正在"表示"在某一特定的时间内,当某一事件发生的同时,另一事件正在进行中"。

"持续"和"进行"的区别：

汉语中"持续"用动词词尾"着"表示，它表示的是动作保持某种状态（也可以是动作完成以后的状态）；而动作的进行表示的是动作本身的实施，动作的"进行"用动词前的"在"表示。有些动词表示的是一种状态，例如"站"，这样的动词不能用进行体，例如不能说：*他在站、*他正在站、*他在躺、*他在坐。

进行和持续的区别可以通过"她在穿衣服"和"她穿着一件漂亮的衣服"（动作以后状态的持续）以及"她在开门"和"门开着"（动作以后状态的持续）来比较。

教学建议：

- 可将"语音对应、词汇扩展参考词"作为课外作业，让学生查《汉韩词典》翻写为韩文。

课堂教学技巧提示：

- 教师给出一个陈述句，要求学生用"是……还是……"把句子改成选择疑问句，再用"……或者……或者"改成陈述句。
- 看图说话，要求学生用"正在"描述图片中人物的行为。
- 教师指地图上的两个地区，问学生："某国离某国远吗？"要求学生完整回答。
- 请学生用"打算、想、要"等心理动词，谈谈暑假的计划。可以用"暑假我想去杭州旅游，你们呢？"这样的句子引入。
- 让学生用"邀请、想、愿意"中的两个词提问，另外一位同学回答，回答完后提问下一位同学，依次类推。

练习册参考答案

2. (1)要　(2)愿意　(3)想/要　(4)想
(5)愿意、愿意　(6)要　(7)想、要　(8)想、愿意

3. (1)再　(2)再　(3)就　(4)还　(5)又
(6)还　(7)还、再　(8)又　(9)就　(10)还

4. (1)还是　(2)或者、或者　(3)或者
(4)还是　(5)或者　(6)还是

5. (1)从　(2)从　(3)离
(4)离　(5)从　(6)离

第十课 你作业做完了吗

教学目的：

通过本课的教学，学习课文中出现的生词和短语，达到再现水平，补充词达到再认水平；熟练掌握生词扩展结构；认识重动句的基本结构，前置宾语的使用条件，主谓谓语句的结构和功能，程度补语和结果补语的语义和结构特点。

教学重点：

程度补语和结果补语的语义和结构特点

教学难点：

主谓谓语句的结构和功能

重点突出方法和难点突破方法：

(1)尽量使用本课为这些重点和难点设计的课堂练习和课后作业;参考“课堂教学技巧提示”。

(2)给出一定的语言环境,让学生在具体的使用中理解程度补语和结果补语的语义和结构特点。

(3) 运用课文中出现的和课文后面列出的例子,让学生在具体的语言环境中体会并理解汉语主谓谓语句的句法结构和功能。

词语加油站：

❶ 洗

动词。主要句法结构:洗+NP。例如:

洗衣服

洗苹果

洗被子

洗菜

❷ 等

动词。主要搭配方式:某人+等+人/时间/对象。例如:

我在等老师。

你等我一会儿。

他在等咖啡。(意思是:等服务员送咖啡来)

石成岁在等公共汽车。

❸ 打

动词。汉语中有不少固定的动宾搭配。例如:

打球(打篮球、打乒乓球、打排球、打台球,注意:踢足球)

打电话

打的(坐出租车)

打牌(打扑克)

打雷

打草稿

打哈欠

❹ 错误

名词。例如:

这句话有一个错误。

他犯了很多错误。

这是错误的想法。

❺ 花

动词。主要用于下面的宾语:

花钱:花了不少钱、花了很多钱、没花多少钱

花时间：花了不少时间、花了很多时间、没花多少时间
花力气：花了不少力气、花了很多力气、没花多少力气
花精力：花了不少精力、花了很多精力、没花什么精力

语法观察：

❶ 重动句

本课重动句不作为教学重点，只要讲解重动句的基本结构就可以。重动句在句法结构上可以解决动词同时携带宾语和补语的矛盾：重复一个动词，前一个动词携带宾语，后一个动词携带补语；可以避免宾语和补语同时出现在动词后面的位置冲突。在功能上，重动句通常是为了表达“能力”的。本课的训练通过回答问题来表现重动句使用的上下文环境。

避免宾语和补语同时出现在动词后面这一冲突的另一个手段是宾语提前，如本课中出现的“衣服洗干净”这一类话题句，也可以在结构上避免宾语和补语在位置上的冲突。

❷ 前置宾语

如果动词的宾语是谈话的话题，那么，宾语可以提前到句子的开头，成为句子的话题。例如：

A：作业你做完了吗？ B：作业我做完了。（比较：你做完作业了吗？）

如果说话人想强调动词的宾语，也可以将动词的宾语提前到动词的前面（主语的后面），例如：

A：你作业做完了吗？ B：我作业做完了。（比较：你做完作业了吗？）

❸ 主谓谓语句

谓语部分是一个主谓结构的短语。例如：

上海天气怎么样？
那姑娘眼睛很大。
他个子很高。
这台电脑速度很快。

句子的主语实际上是谈话的话题，后面的谓语是对话题的陈述。主谓结构中的主语在语义上常常有领属关系、整体和部分的关系。上面的句子可以改变成：

上海的天气怎么样？
那姑娘的眼睛很大。
他的个子很高。

这台电脑的速度很快。

❹ 程度补语

形容词谓语后面的成分补充说明谓语的程度。常常用“得”连接形容词和程度补语。例如：

他高兴得跳了起来。(“跳了起来”补充说明“高兴”的程度)

那件衣服脏得不得了。(“不得了”补充说明“脏”的程度)

❺ 结果补语

动词谓语后面的成分补充说明动作的结果。例如：

衣服洗干净了。(干净是“洗”的结果)

饭吃完了。(“完”是“吃”的结果)

有些结果补语也可以用“得”连接。如：

衣服洗得很干净。

她打扮得很漂亮。

教学建议：

• 本课安排了常用球类名词,教师可以根据学生情况作适当补充。

• 本课实际上是前面几课的复习和巩固,所以语言点方面安排的新内容不多,为的是让教师结合前几课的内容作语言点的复习和巩固。

• 可将“语音对应、词汇扩展参考词”作为课外作业,让学生查《汉韩词典》翻写为韩文。

课堂教学技巧提示：

• 老师说一个句子,请同学改成宾语前置句:宾语在动词前和宾语在主语前。

• 请一个同学说一个宾语,另一个同学加上相应的动词,第三个同学加上合适的补语。

• 准备下列物品:一瓶水,一个空的水瓶;一本作业本,一本写完了的作业本;第一册教材,第二册教材。如果有条件,还可以绘制图画,表现“喝完”与“喝”、“写完”与“写”、“学完”与“学”、“画完”与“画”的区别。

• 老师表演一些具有程度特征或结果特征的动作行为,引导学生用学过的程度补语、结果补语描述。

练习册参考答案

3. (1) 错　(2) 完、完　(3) 对、对、错　(4) 完
   (5) 到、到　(6) 上、开　(7) 完、完

4. (1) 他洗衬衫洗得很干净。
   (2) 他开车开得很好。
   (3) 他打篮球打得很好。
   (4) 他写汉字写得很好。
   (5) 他回答问题回答得很好。
   (6) 他做饭做得很好。

第十一课 准备期末考试

教学目的：

通过本课的教学，学习课文中出现的生词，要求达到再现水平；熟练掌握生词扩展结构；掌握有关时段和时点的表达、"如果……就"复句、持续体"着"表示存在方式和询问程度的"有多A"的用法。

教学重点：

（1）"如果……就"

（2）持续体"着"表示存在方式和询问程度的"有多A"的用法

教学难点：

持续体"着"表示存在方式的用法

重点突出方法和难点突破方法：

（1）尽量使用本课为这些重点和难点设计的课堂练习和课后作业；参考"课堂教学技巧提示"。

（2）让学生有意识注意课文中出现的"着"，然后老师通过例句介绍"着"的这种用法。讲解完后，老师就用一些道具让学生用"着"造句来描述。

（3）老师可以在黑板上写出一些形容词，然后学生根据这些形容词用询问程度的"有多A"造句，在学生说出句子后，老师可以将句子写在黑板上，无论其是否正确。

词语加油站：

❶ 成绩

名词。常用动词是“取得”。例如：

取得好成绩　语文成绩　数学成绩　会话成绩　作文成绩

A：你的成绩怎么样？　　B：我的成绩不太好。

❷ 答应

动词。主要搭配方式：某人 + 答应 + 某人/某事(VP)。例如：

A：你答应我吗？　　B：我答应你。

我答应跟你一起去学校。

他答应我一起去食堂吃饭。

他答应帮助你。

❸ 大概

副词。表示的是说话人的推测，而不是主语的推测。主要句法结构：大概 + VP。“大概”的位置可以在主语前面也可以在主语后面。如果有否定副词，“大概”要位于否定副词“不、没”的前面。例如：

他大概不来了。/ 大概他不来了。（说话人推测“他”不来了）

他大概知道了。/ 大概他知道了。（说话人推测“他”知道了）

他大概没想到。/ 大概他没想到。（说话人推测“他”没想到）

他大概听见了。/ 大概他听见了。（说话人推测“他”听见了）

❹ 翻

动词。主要句法结构：翻 + 物体。例如：

翻书/翻报纸/翻杂志

翻衣服（找衣服）：石成岁在翻衣服。

翻书包（在书包里找某物）：我翻了半天书包也没找到。

翻抽屉（在抽屉里找某物）：你不要翻我的抽屉。

❺ 放

动词。主要句法结构：(1)处所 + 放（着/了）+ 某物；(2)某人 + 把 + 某物 + 放在 + 处所。例如：

桌子上放着很多书。　　我把书放在桌子上。

床上放着一些衣服。　　他把衣服放在床上。

地上放了不少杂志。　　　　他把杂志放在地上。
书包里放了几本书。　　　　他把几本书放在书包里。
车里放着一些钱。　　　　　他把钱放在车里。

❻ 后面

名词。可以用来表示空间、时间、顺序等。例如：
书包在后面。
他坐在我后面。
后面的同学快来。
后面的情况我就不知道了。
后面的问题不太难。
后面的日子怎么过？

❼ 看见

动词。主要句法结构:某人＋看见＋人/物(＋VP)。例如：
我看见王老师了。
我看见王老师来了。
我看见他们在讨论问题。
我看见石成岁在锻炼身体。
“看见”有完成体的意义,因此可以说：
“没看见”“没有看见”,而不能说“不看见”。

辨析　看见 vs 看

看见:动补结构,补语“见”是看的结果,“见”表示“看”了之后在大脑中有结果的反映,例如,“我看见那儿有个足球”,那就是有结果的。如果说:“你看一看,那儿有没有足球?”那是请你用眼睛去看,至于你看得到还是还不到,看得清楚还是看不清楚,结果不知道。再例如,“我看了,但是看不见”,或者“我看了,但是看不清楚”。那就表示虽然用了眼力,但是却没有得到理想的结果。

❽ 能够

能愿动词,简单形式:“能”。主要句法结构:某人＋能够＋VP。例如：
明天我能够来学校。/明天我能来学校。
你能够帮助我吗？/你能帮助我吗？
这次考试我一定能够取得好成绩。/这次考试我一定能取得好成绩。
你能够参加我们的活动吗？/你能参加我们的活动吗？
你能够再说一遍吗？/你能再说一遍吗？

❾ 取得

动词。主要句法结构:某人+取得+抽象名词。例如:

我们要取得好成绩。

他们取得了很多经验。

我们取得了老师的支持。

❿ 如果……就

假设复句关联词。前面的连词“如果”引导假设条件(口语中常常用“的话”呼应),后面的连接副词“就”引导结果。例如:

如果明天下雨(的话),我就不来。

如果你参加(的话),我就会很高兴。

如果你下午有时间,就和我一起去看电影。

如果你饿了,就吃点儿面包。

如果你热,就开空调。

“就”作为连接副词,常用来表示具有前后推导的逻辑关系。

⓫听见

动词。主要句法结构:某人+听见+NP/S。例如:

我听见你的声音。

她听见我的歌声。

我听见你在说话。

她听见我在唱歌。

“听”和“听见”的区别,请参考本课“看”“看见”。

⓬完成

动词。主要句法结构:某人+完成+NP。例如:

我完成了今天的工作。

他完成了功课。

我要完成这些练习。

⓭休息

不及物动词。常用句法结构:某人+休息+C(C表示补语或其他成分)。例如:

我要休息。

你休息一下儿吧。

你休息得好吗?

我休息得很好。
我们休息休息。
明天我休息一天。

⓮已经
副词。主要句法结构:NP + 已经 + VP + 了。例如:
她已经去了。
考试已经结束了。
饭已经做好了。
老师已经走了。
新学期已经开始了。

⓯ 知道
动词。主要句法结构:某人 + 知道 + NP / VP/S。例如:
你知道吗?
他知道这件事儿吗?
你知道她的电话号码吗?
她知道今天不上课。
我知道她已经完成工作了。

⓰ 只
副词。修饰动词,强调“少、小”等。例如:
我只有一百块钱。
我只要两分钟就能看完。
他只吃了一个。
他只写了几个字。

⓱ V 住/V 不住
“住”用在一部分不能持续的动词或者强持续性的动词后面,表示动作实施以后保持动作的某种状态,例如:
请你拿住。
停住
挂住
贴住
站住
忍住

“V 不住”就是动作实施以后无法保持这种状态,或者没有能力保持这种状态,例如:

我拿不住。(我没有力气,会掉下来)

他停不住。(他喜欢说话,说话就停不住,一直要说)

衣服挂不住。(衣服太厚,总是掉下来)

地图贴不住。(会掉下来)

站不住(站得太久了,想动一动)(注意:“站不住”不是“站住”的反义词)

忍不住笑(想忍住不笑,但是还是笑了)

这个语法点在以后作为“可能补语”再学习,本课不作要求,只要求能够理解。

语法观察:

❶ 时段和时点(复习)

时段就是一段时间,凡是行为动作都要消耗一定的时间。所消耗的时间就是时间段,简称时段。时段在汉语中从小到大有:一秒钟、一分钟、一个小时、半天、一天、一个星期、一个月、一年……时段在汉语中一般处在动词的后面,它说明动作、行为所延续的时间,因此常常做句子的补语。如:这本书看了三天。“了”表示“看”的行为现在已经结束(说话的现在并没有“看”),但是“三天”是指“看”的时段,就是“看”所消耗的时间。

时点就是时间上的某一个观察点。时间有过去、现在、将来,如下面的时轴:

任何事件都发生在上面的时轴中的某一点上。在那个时间点上某件事情发生了。汉语中表示时间点的词如:上个月、这个月、下个月、上个星期、这个星期、下个星期、前天、昨天、今天、明天、去年、明年……这些词大部分用在动词的前面,或者用在主语的前面,表示事件发生的时间点,因此常常做句子的状语。如:昨天下午他来我的宿舍。“昨天下午”是“他来”所发生的时间点。汉语中另一个常用的时间点表示法是:X 的时候。例如:我来学校的时候……,我小的时候……,老师走进教室的时候……。

❷ 持续体表示存在方式(复习)

一般存在句主要用“有”动词,例如:桌子上有一本书。但是还有一些存在句用的是动作动词,典型的有:放、挂、躺、站等。这些句子的特点是:主语是处所词。这种存在句不仅表示了“某处有某物”的意思,还表示了“某物存在的方式”。例如:

桌子上放着很多书。

黑板上写着很多字。

教室里坐着很多同学。

院子里种着很多树。

在这样的结构里,“着”和“了”都可以使用,上面的句子可以变成:

桌子上放了很多书。

黑板上写了很多字。

教室里坐了很多同学。

院子里种了很多树。

意思基本没变。用“了”的句子表示动作行为之后状态的持续,用“着”的句子表示状态本身的持续。

❸ 为了(复习)

介词。“为了”必须和后面的名词或动词短语构成介词短语以后做状语,修饰动词,表示行为的目的。目的介词短语可以在动词前,也可以在主语前。口语中多用“为了”,书面语中多用“为”;主语前多用“为了”,主语后多用“为”。例如:

爸爸为了我们每天努力工作。(口语)

我们为了取得好成绩努力学习。(口语)

为了见她,我去她的学校。(口语)

为了让她高兴,我答应了她的要求。(口语)

我为你感到高兴。(书面语,主语后)

❹ 询问程度的“多”(有多 A/V)

形容词表示某种属性,有些属性有程度的差别,心理动词也有程度的差别。说话人常常询问属性和心理的程度。如“大、长、高、红、深、浅、漂亮、好、难、容易、爱、喜欢……”这些都可以用来提问,如:“多大? 多长? 多高? 多红? 多深? 多浅? 多漂亮? 多好? 多难? 多容易? 多爱? 多喜欢?”它们常常在前面加上“有”,变成“有多……”的格式。例如:

这间房子有多大?

这条路有多长?

他有多高?

这条河有多深?

这个姑娘有多漂亮?

他有多好?

这些题目有多难?

这个工作有多容易?

❺ 表示“起始体”的“起来”

起始体表示某种动作行为开始发生并且持续下去。常用的语法形式是：动词 + 起来。例如：

他说起来就没完。

请大家唱起来、跳起来！

这个语法本课只要求学生能够理解，不要求掌握，我们将在以后介绍并学习。

教学建议：

• 可将“语音对应、词汇扩展参考词”作为课外作业，让学生查《汉韩词典》翻写为韩文。

课堂教学技巧提示：

• 请一位同学来形容班里的另一位同学，老师把合格的句子写到黑板上，然后大家一起来用“多”提问。

• 老师问大家“教室里有什么？”每位同学说一个句子，然后把这个句子改成用“着”或“了”的存在句。

• 老师说一个句子，请同学在这个句子中加上一个时点。注意句子“体”的变化。

• 老师请任意一位同学说“如果……”，让这位同学指定另一个同学接着说下半句“就……”

课堂用书参考答案

2. (1) 桌子上放着/了一些书。
(2) 教室里放着/了几张桌子。
(3) 操场上放着/了一些足球。
(4) 书包里放着/了一些笔。
(5) 剧场里放着/了很多衣服。
(6) 教室外面放着/了椅子。
(7) 学校门口停着/了很多车。
(8) 饭店里放着/了很多花。

(9)墙上挂着/了两张照片。
(10)她手上拿着/了很多钱。

练习册参考答案

3. (1)为了你的身体,你要好好休息。
(2)为了/为完成学业,我一定努力学习。
(3)为了/为取得最好的成绩,我要认真听课。
(4)为了我的旅行计划,那些钱我放在妈妈那儿了。
(5)为了/为答应她的请求,我不得不卖了车。
(6)为了/为买房子,我花了很多钱。
(7)为了/为学好汉语,我决定去中国。
(8)为了他们的好成绩,我们拍手鼓掌。

4. (1)教室有多安静?
(2)他的房间有多干净?
(3)这首歌有多优美?
(4)他有多兴奋?
(5)你有多饿?
(6)你知道她有多想买这件衣服吗?
(7)你有多高兴?
(8)你朋友有多漂亮?
(9)你知道这件事有多麻烦吗?
(10)他有多喜欢她?

5. (1)如果明天下雨,我就不去爬山。
(2)如果你有时间,就来参加晚会。

第十二课 你有多高

教学目的：

通过本课的教学，学习课文中出现的生词和短语，达到再现水平；熟练掌握生词扩展结构；掌握用“几”和“多少”提问的使用规则，集中学习部分常用的汉语量词，并复习表示存在的方式、表示进行和持续的方式及其否定形式。

教学重点：

(1)汉语的量词

(2)表示进行和持续的否定形式

教学难点：

名词与量词的搭配组合

重点突出方法和难点突破方法：

(1)尽量使用本课为这些重点和难点设计的课堂练习和课后作业，参考“课堂教学技巧提示”。

(2) 让学生找出课文中表示进行和持续的句子，然后用否定形式进行改写。

(3)对已学的汉语量词进行归纳，尽可能让学生从中找到一定的规律。

词语加油站：

❶ “山”与“山脉”

“山脉”为群山，由一定数量的山组成。例如：

长白山脉、喜马拉雅山脉

这是一座山。

这是黄山。

＊这是一座山脉。

❷ “河”与“河流”

“河流”为较大的天然水流（如江、河等）的统称。

这是一条河。

这是黄河。

＊这是一条河流。

❸ 摄氏

名词。它的内部结构式是：姓＋氏，可以用来表示某个人（用他的姓表示这个人）。例如：金氏、王氏、李氏、张氏等。“金氏”就是“姓金的人”，“王氏”就是“姓王的人”。在“摄氏度”中，“摄氏”指的是瑞典天文学家摄尔修斯（Anders Celsius），汉语中指称外国人的名字时常常用外国人姓氏的第一个音节，因此 Celsius 就用第一个音节 Ce 构成了“摄氏”。

❹ 度

量词。常用来度量温度、浓度等。主要句法结构：数词＋度。例如：

38 度

29 度

❺ 挂

(1) 动作动词，表示行为。主要搭配方式：某人＋挂＋某物。例如：

她在挂画儿。

地图挂在黑板上。

请你在黑板上挂一张地图。

(2)存在动词,表示存在。主要搭配方式:处所+挂(着/了/过)+某物。例如:

墙上挂着画儿。

黑板上挂着(了)一张地图。

以前这儿挂过一张她的照片。

语法观察:

❶ "几"和"多少"(复习)

"几"用于数量少于10的基数的提问,"多少"用于数量多于10或数量比较多的基数的提问。但如果提问的是序数,可以用"几"提问任何数目。例如:

A:小朋友,你今年几岁?	B:我今年5岁。
A:你有几本词典?	B:我有三本词典。
A:你有几个哥哥?	B:我有两个哥哥。

A:你住几层?	B:我住20层。
A:现在几点?	B:12点58分。
A:今天几月几号?	B:今天11月25号。

❷ 进行和持续的否定(复习)

汉语中表示动作正在进行,一般在动词的前面加上"在"或者"正在"。对动作正在进行的否定用"没在V"或者"不在V"。例如:

他正在看电视。⟶他没在看电视。/ 他不在看电视。

他正在写字。⟶他没在写字。/ 他不在写字。

她正在学习汉语。⟶她没在学习汉语。/ 她不在学习汉语。

❸ 汉语的量词

汉语的量词很复杂,也比较多,常见的有下面一些:

表示个体的量词:

个	一个人	一个苹果	一个橘子
位	一位老师	一位大夫	一位教授
口	三口人		
头	一头牛		
张	一张纸	一张床	一张桌子
本	一本书	一本杂志	一本词典
只	一只鸡	一只猫	

件	一件衣服	一件衬衫	一件西装
把	一把椅子		
封	一封信		
座	一座山		
支	一支笔		
条	一条裤子	一条裙子	
根	两根筷子		
间	一间卧室	一间办公室	
辆	一辆车		
列	一列火车		
棵	一棵树	一棵草	
朵	一朵花		
首	一首歌		
所	一所学校	一所医院	
台	一台录音机	一台电视机	
层	一层楼		
页	一页书	一页纸	
段	一段话		
句	一句话		
滴	一滴水		
场	一场电影		

表示容器的量词：

杯	一杯水
袋	一袋面包
瓶	一瓶酒

表示集合的量词：

种	两种人	
对	一对好朋友	一对花瓶
双	一双鞋	
套	一套西装	

时量词：

年	2000 年（时点）	两年（时段）
天	昨天（时点）	两天（时段）
夜	昨夜（时点）	一夜（时段）
点	三点（时点）	
点钟	三点钟（时点）	

小时　三小时（时段）
刻　两点三刻（时点）
刻钟　三刻钟（时段）
分　一点零五分（时点）　一小时零五分（时段）
分钟　五分钟（时段）
秒　一分零一秒（时点/时段）
秒钟　一秒钟（时段）

教学建议：

• 可将"语音对应、词汇扩展参考词"作为课外作业，让学生查《汉韩词典》翻写为韩文。

课堂教学技巧提示：

• 本课作为最后一课，有一部分练习的内容是为了复习前面的部分教学内容而设计的。因此，本课的主要教学在于课堂操练。特别是物体量词和时间量词，需要课堂操练。教师说出一个名词，让学生添加量词；教师给出一个数词，要求学生分别给出相应的时间量词（例如：两个小时）和时间点词（例如：两点钟）。

• 把学生分成3～4组，比赛哪个组的量词写得多，然后大家一起在量词后加上适当的名词。

• 同学可以自由向老师或者别的同学提问，但是一定要用"几"或"多少"。

练习册参考答案

3.（1）我在教室讨论问题。　我每天讨论一个半小时。
（2）我在教室做作业。　我每天做一个小时。
（3）我在宿舍复习课文。　我每天复习半个小时。
（4）我在图书馆看书。　我每天看两个小时。
（5）我在家念课文。　我每天念半个小时。
（6）我在家整理书桌。　我每天整理一刻钟。

4. 一位大夫
一头牛
一张桌子
一本杂志
一个包
一件衬衫
一把椅子
一封信
一座山
一支笔
一条裙子
一间卧室
一辆车
一棵树
一朵花
一所学校
一台录音机
一座大楼
一本书
一滴水

5. (1)你多高?
(2)你家有多大?
(3)这条河有多长?
(4)你们班有多少(个)同学?
(5)中文系有几位教授?
(6)桌子上有几本书?
(7)金老师的办公室在几层?
(8)明天几月几号?